学校管理是一种妥协

不像校长的校长
才是好校长

傅登顺 著

新官上任"三盆水"

人们总认为管理者强势，被管理者弱势，被管理者总是受管理者随意摆布，这是对管理者与被管理者关系的严重曲解。

倾情巨献

图书在版编目(CIP)数据

学校管理是一种妥协/傅登顺著. -- 太原：山西人民出版社,2020.8

ISBN 978-7-203-11556-4

Ⅰ.①学… Ⅱ.①傅… Ⅲ.①学校管理-文集 Ⅳ.①G47-53

中国版本图书馆 CIP 数据核字(2020)第 144746 号

学校管理是一种妥协

著　　者：傅登顺
责任编辑：郭向南
复　　审：刘小玲
终　　审：秦继华
装帧设计：李　柏
出　版　者：山西出版传媒集团·山西人民出版社
地　　址：太原市建设南路 21 号
邮　　编：030012
发行营销：0351-4922220　4955996　4956039　4922127（传真）
天猫官网：https://sxrmcbs.tmall.com　电话：0351-4922159
E－mail：sxskcb@163.com　发行部
　　　　　sxskcb@126.com　总编室
网　　址：www.sxskcb.com
经　销　者：山西出版传媒集团·山西人民出版社
承　印　厂：山西万佳印业有限公司
开　　本：787mm×1092mm　1/16
印　　张：15.5
字　　数：300 千字
印　　数：1—2500 册
版　　次：2020 年 8 月　第 1 版
印　　次：2020 年 8 月　第 1 次印刷
书　　号：ISBN 978-7-203-11556-4
定　　价：58.00 元

如有印装质量问题请与本社联系调换

序

什么是教育管理?管理的本质是什么?学校管理有哪些内在规律可循?怎样打造一个优秀的管理团队?成功的教育管理有哪些可以推广的路径?在《学校管理是一种妥协》一书中傅登顺校长以自己的教育管理实践智慧为我们做了回答。

说起"妥协",很多人认为是软弱与不坚定的表现,只有不妥协,才能证明自己是对的。这种非白即黑的思维方式背后有个默认的假设,就是人与人之间的关系是一种征服与被征服的关系。而教育管理很多时候是寻求一种教育内在平衡和双赢的过程。傅登顺校长以"妥协"来诠释这种寻求平衡的过程,为我们展示了这种妥协其实是务实、通权达变的智慧。我们不难发现,凡是智者,都懂得在恰当时机接受别人的妥协,或向他人妥协,从而达成共识,以最佳路径解决问题。

傅登顺校长以决策力体现了妥协的风度。他提出善做"懒人",消除教学"霸权",以及体验—体贴—体察等多项教育主张,用"诚信、服务、艺术、接纳"来阐述教师专业化发展的角色转变,提出了"改变教师的学习"的教师专业成长策略。他以独特的人格魅力展现了妥协的气度。字里行间可见他容人之短,不求全责备;容人之异,接纳多样性;容人之过,给下属信任。他在管理中知人善用,努力让每个人的价值都得到最大限度的发挥,以卓越的领导力凸显了妥协的温度。他走进教师、走进教室,用心倾听教师内心的声音,思考课堂教学的优化策略,开展童谣等课题研究,从而一步步搭班子、定战略、带队伍,坦诚地呈现了多年教育管理实践的点点滴滴,为我们提供了中小学教育管理的优秀范本。

《道德经》曰:"太上,不知有之;其次,亲而誉之;其次,畏之;其次,侮之。"结合"学校管理就是一种妥协"的思想,我们可以进一步思索:当下,学校管理如何基于制度又超越制度?面对无为而治的智慧,我们该如何在"人心"的领导上做更有价值的尝试?今天,傅登顺校长的"妥协"艺术在现代学校管理的层面为我们提供了有中国特色的成功经验,这也是中华民族古老的管理智慧在新时代学校管理中的发展!

细读这部专著,还能让我们从管理哲学的高度去思考"妥协"的管理本质到底是什么。如果我们只关注管理的有效性,就会忽视这种管理思想的真正意义!傅登顺校长提出"学校管理就是一种妥协",实际上提出了一个本体论意义上的管理哲学的价值与规范,即真正的学校管理应该是合乎人性的。判断以妥协为基础的管理是否值得倡导,就要看它是否是人本境界的管理,是否是学校管理之所"是",是否能推动学校管理在新时代的变革与进步,是否能为学校管理者对"什么是真正好的管理"提供新的理解,确立新的理念。开卷有益!

最后要说明的是,期待广大校长能像傅登顺校长这样,通过广泛深入的思考和切实有效的行动,发挥专业素养和管理智慧,去探索具有创新意义的理念与实践,在新时代努力成为一名研究型校长。通过学习而理解,通过研究而发现,通过行动而变革我们的思维方式和工作方式,真正实现学校管理的现代化!

刘力

2019 年 10 月 6 日

刘力,浙江大学教育学院教授,博士生导师,中国教育学会教育实验研究分会副会长,浙江省中小学教师与教育行政干部培训中心原常务副主任,浙江省中小学名校长工作站原主任,浙江省学前教育课程改革专家工作组成员。

目 录

我的校长管理格言

新官上任"三盆水" ……………………………………… 003
不像校长的校长才是好校长 …………………………… 004

管理理念与践行

学校管理就是一种妥协 ………………………………… 007
学校管理：要种大树，不要做盆景 …………………… 013
论中小学校长如何带好管理班子 ……………………… 022
保持强项　扶持弱项　填补空白　整体提升 ………… 030
校长管理学校的三度思维：突破—创新—亮点 ……… 036
学校管理三个层级的三类关键角色 …………………… 044
中小学德育四平台四内核 ……………………………… 050

学校特色与文化建设

中小学育人文化建设的维度、要素和途径 …………… 057
学校特色的错位与升级走向策略 ……………………… 071
消除教学"霸权"的羁绊　推进教学民主化进程 …… 080
寻回学生作业功能　强化作业设计义务 ……………… 089

校长角色与有序培养

善做"懒人"的"达人"校长 …………………………………… 101

校长管理学校的类型 …………………………………………… 110

造就校长的三项修炼：体验—体贴—体察 …………………… 113

校长管理的"距离"艺术 ………………………………………… 120

论新建中小学学校校长的三重权变 …………………………… 126

课题研究与课程开发

山区薄弱村完小建设的策略研究 ……………………………… 137

"自悟共创——学生生活新童谣"校本课程开发实践研究 …… 155

教师教育与个性成长

改造教师的学习 ………………………………………………… 177

诚信　服务　艺术　接纳 ……………………………………… 184

训练能"秀"的教师团队：教师教育新思路 …………………… 190

与不同类型学生对话的特点分析与策略研究 ………………… 198

班主任常规工作"十五字"要诀 ………………………………… 206

消极型小学教师群体职称管理策略的思考 …………………… 211

校长演讲与行为鼓动

新教师培训开班典礼上的讲话 ………………………………… 219

在新生家长会上的讲话 ………………………………………… 223

我们爱科学　我们在行动 ……………………………………… 230

新教师培训结业典礼讲话稿 …………………………………… 232

我的校长管理格言

新官上任"三盆水"

点评：人们习惯于接受新官上任"三把火"。新官上任急于点"火"，亮出自己的"施政纲领"，亮出自己的个性、风格，亮出自己的特点、特长。殊不知，由于对新岗位不够了解，很容易烧得不是地方，烧得不是时候，烧得不能持久。甚至会引火烧身，需要去灭自己点燃的"火"。上任不久就留下急于求成的不好的印象，对全面开展工作是很不利的。

明智的"新官"知道当好官不易，往往会给自己先浇"三盆水"。第一盆水洗洗自己的头。要清醒地反思过去的经验和教训，清醒地思考面临的新情况、新环境、新群体，清醒地布好"施政纲领"。第二盆水洗洗自己的身。要时刻提醒自己保持洁身自好。第三盆水洗洗自己的手和脚。使自己勤手勤脚，做好各项工作；洁手洁足，做到不伸手、不乱走，给公众留下一个清廉好官的印象。

不像校长的校长才是好校长

点评：怎样的校长才是好校长呢？在一般人的眼中，校长有高大威严的外表，校长有超出常人的智慧，校长有多方面的特长；校长代表公权力，重权在握，可以随意地处罚、刁难教职工，掌握"生杀"大权；校长有贪心、有私心、有野心。如果因为这样才当上校长的，则并非好人。所以校长无论以高大的形象出现，还是以少数人鄙视的形象出现，皆是人们刻板印象中的形象，即官。

理想的校长应该是教职工思想和教学理念的引领者；工作中的好同事，同甘共苦，互相勉励，共同进步；生活中的好知己，平易近人，平等相处，互相体贴，互相照顾；管理中的好搭档，目标一致，职责分明，责任到人，分工明确，分工而不分家。这样的校长既没有令教职工战战兢兢的威严之感，也没有将教职工拒之千里。这就不像人们想象中的校长，简称之"不像校长的校长"。然而这样的校长教职工喜欢、拥戴，甚至与之称兄道弟，以诚相待。这就是校长的"魂"已经深入教职工的心坎，无时无处不留下校长的理念和足迹。这种表面不像校长的校长才是教职工心中真正的好校长。

管理理念与践行

学校管理就是一种妥协

人们总认为管理者强势,被管理者弱势,被管理者总是受管理者随意摆布,这是对管理者与被管理者关系的严重曲解。事实上,管理者更多的时候要妥协。所以,有人提出,管理就是管理者为被管理者提供或创设自由发展的空间和发挥特长的机遇。也有人提出,低档次的管理是人治,中档次的管理是法治,高档次的管理是文化管理。创设"空间和机遇"也好,高层次的"文化管理"也罢,其目的都是为了告诉人们管理者与被管理者之间不必对立与冲突,而要对话与合作。通俗地说,管理就是妥协,学校管理更需要妥协的艺术。

一、学校管理向规律"妥协"

学校管理必须遵循教学规律,从表面上看人们是在主动认识规律,而规律本身似乎是被动的。实际上,这是对规律的一种偏见。事实上,规律才是主动的,而人们认识规律要受到规律的限制,反而是被动的。

首先,学校管理者认识教育规律的能力是有限的。规律藏在现象的背后。规律在先,认识在后,人们必须透过现象看本质。管理者认识规律的能力和水平是有差异的,而且再高明的管理者都不可能认识全部的规律。认识与规律本身之间始终是有差距的,所以,人们必须对教育规律始终保持不懈探索的态度。

其次，教育规律是不断变化的。规律与真理一样是相对的，随着教育形势和教育条件的改变而改变。而学校管理的改进往往落后于规律的变化，一旦发现管理内容和手段已不适宜了，其实规律也早已发生了变化。强调管理者的前瞻性，其目的是不至于过于落后于教育规律的变化，从而减少损失。所以说，学校管理永远落后于教育规律的变化是必然的。

再次，教育规律带有很大的惩罚性。只有按教育规律办事，教育才能顺利发展，教育才能取得成绩。一旦违背了教育规律办事，就会受到教育规律的严厉惩罚。

最后，教育规律是抽象的。教育规律是抽象的，人们只能感觉到它的存在，而到底是什么、怎么样，用文字或其他形式都不能完整、准确地表达。要想把抽象的教育规律变成具体有效的管理措施和手段也不是一件容易的事，途径也是多种多样的。尽管理论上说"问题的存在与解决问题的方法同时存在"，但要找到解决问题的最佳方法往往是不容易的。方法落后于问题，方法更落后于规律。这也是导致学校管理复杂化的关键所在。总而言之，学校管理要遵循规律，要尊重规律，绝不能凌驾于规律之上，这是学校管理者向教育规律妥协的一种表现。

二、学校管理向学生"妥协"

学生是教育的主体，同样学生也是学校管理的主体。学校管理一旦脱离了学生这个主体也就失去了意义。那么学校管理者是否也应该像对待教育规律一样向学生妥协呢？回答是肯定的。

1.学生是一个各具个性的群体。为此，学校教育和管理要倡导有教无类，因材施教。教师要想教育好学生就要深入学生，既要了解学生的群体特点，又要分析学生的个体情况。

2.学生是一个不断变化的群体。学生会受到各种因素干扰而发生变化,有正面的,也有反面的,变化的速度和倾向难以预测和把握。所以,学校管理者要善于把握学生成长的环境,以及其可能对学生造成的影响,努力创设良好环境。学校管理探讨的重点不是学生如何适应学校的管理,而是学校的管理者如何适应学生的健康成长,这也是新课程改革的核心理念之一。也就是说,学生成长是主动的,而学校管理因学生的变化而改变,即管理是被动的。

3.学校管理是否有效取决于管理的内化程度。教学不是老师说过了,学生听懂了就算完成任务了。关键取决于学生把所学的知识能力内化的程度。内化过程是一个相当复杂的过程,也是教学研究的重点。如在贯彻《中小学行为规范》的过程中,尽管多次对学生讲解规范条文,甚至使学生达到倒背如流的程度,而学生的不规范行为照样会一再反弹,这难道是缺乏认识吗?难道是对规范行为缺乏理解吗?答案显然是否定的。其关键是贯彻过程中存在表面化,没有达到内化的程度。所以,不能对学生行为进行主动调节和控制。从这一点来说,加速学生内化的教育与管理是学校管理者和教师不懈的追求。

4.学生是一个受法律保护的群体。学生群体有别于成人群体,尤其是中小学生,他们的判断、预判和自我保护能力比较弱。学校管理除完成教学任务外,还必须保护学生的人身安全。安全管理要从学校实际出发,因学校因学生而定。

三、学校管理向教师"妥协"

教育的振兴关键靠教师,优质的教师队伍是办优质教育、办人民满意的教育的前提。但目前而言,教师是一个水平和能力参差不齐的多元群体。对多元群体的管理策略应是对不同性质的对象采取不同的措施。依据教师的教育水平和能力,可以分为三类:第一种是教学能力强的教师,即通常说的骨干教师;第二种是教学能力处于中等的教师;第三种是教学能力比较差的教师,难以承担教学任务。面对三种不同水平的教师,采取理论上的优胜劣汰做法,现实中往往是行不通的。目前,校长们通常对不同类型的教师采取不同态度和做法。如对教学能力强的教师,允许他们平时耍点小脾气,容忍他们的小缺点,并能耐心听他们的牢骚,采纳他们的部分建议。就像林肯所说的:"只要能打胜仗我愿意为他牵马。"因为这些教师比较有个性和思想,给他们提供一个发泄空间很有必要。平时校长往往装出"得罪不起"这些教师的样子,满足这些教师的"虚荣心",从而调动他们教学的积极性。对教学能力中等的教师态度就不一样,往往是软硬兼施,监管的力度比较大,生怕因疏于监管而放松对他们的要求。因为这些相对缺乏教学技能的教师,只能靠勤奋来保证质量。对这批教师,校长往往表现出"敢于得罪"的姿态。剩下的自然是一些难以胜任教学任务的教师,但这绝不是一个可以小瞧、可以任意摆布的群体。因为他们中有的是关系户,有的曾经有过光荣史,处理不好往往成为引发矛盾的导火索。所以,校长对这些教师往往比较"细致",想得比较"周到",安排一些"照顾性"的工作。这也体现了校长的"菩萨心肠"。这种管理模式正好印证了一句管理名言:"有能力的——让他干;没能力的——教他干;做不来的——管好他。"把教师分成三六九等,说得好听是量才适用,说得难听点就是妥协。事实上,哪位校长不想每位教师都是骨干,都能挑大梁,而面对现实只能做出妥协。

四、学校管理向社会"妥协"

教育属于上层建筑范畴,经济基础决定上层建筑。经济基础决定教育的规模和水平,也就是说教育发展受经济基础制约。教育发展的空间是比较有限的,教育优先发展是在经济基础雄厚的情况下才提出来的。经济基础制约着教育的规模和水平是一条亘古不变的教育规律。教育对社会发展的推动是通过培养符合社会发展需求的人才来实现的。所以说教育的最终目的还是为人类社会发展服务。同样,任何逆社会发展潮流和前进方向的教育都终将被淘汰。综上所述,教育发展要适应社会发展、经济发展,具体到一所学校还要受到学校周边环境和社会因素的影响、干扰。

一、《教师法》(1993年10月31日通过,1994年1月1日执行)第二十五条:教师的平均工资水平应当不低于或者高于国家公务员的平均工资,并逐步提高。(2009年才落实)

二、我国早在1993年《中国教育与改革发展纲要》中就提出要在2000年实现国家财政性教育经费占GDP4%的目标,但时间表却已推至2012年。

1990年:3.04%　1991年:2.86%　1992年:2.74%　1993年:2.51%
1994年:2.51%　1995年:2.41%　1996年:2.46%　1997年:2.49%
1998年:2.59%　1999年:2.79%　2000年:2.87%　2001年:3.19%
2002年:3.41%　2003年:3.28%　2004年:2.79%　2005年:2.81%
2006年:3.01%　2007年:3.22%　2008年:3.48%　2009年:3.59%
2010年:3.66%　2011年:3.83%

为什么我国东西部教育水平差距会那么大?东部大部分地区早已迈入现代化教育行列,而西部贫困地区还处于原始教育状态。这主要是由学校周边的社会环境和经济条件决定的。比如,推进素质教育、发展职业教育的重要性,无人不知,无人不晓。为什么做起来就那么难?取得了一些成绩,也是局部地区一些特殊因素所致。尽管教育对社会发展和学校周边环境改变起到一定的推动作用,也就是学校小环境影响社会大环境。但不管怎么说,教育只是社会发展和进步的后盾,教育的发展必须依赖社会的发展和经济水平的提高。学校管理要按教育规律办事,贯彻教育发展意图,在很大程度上也要向社会做出妥协。

"学校管理就是一种妥协"的说法,对许多从事教育工作的人和学校管理者来说是难以接受的。一是听起来不够高雅;二是抹杀了学校管理的主动性。但我们必须清醒地认识到,在转型时期,改革越深化,与世界的联系越多,价值多元就会越凸显,内部矛盾将难以避免。而用冲突解决矛盾杀伤力太大,代价太高。妥协呢?成本最低,最安全。好比甲方和乙方做买卖,如果谈不拢,收益全无;一旦谈拢,不管多少,总是有收益的。所以,妥协是交易文明的产物。以传播和发扬文明为责任的学校何尝不是这样呢?深化教育改革是一种社会内部的转型,确实需要通过协商的、和平的、渐进的方式化解在改革过程中出现的矛盾。因为教育改革需要良好的外部环境,对社会稳定的依赖很强。学校管理只能追求有限的、相对较好的目标,这样,理性合作才有可能。有了这种妥协意识,才能形成一种和谐教育。其实民主制度说穿了就是一种妥协的制度。没有妥协意识,既不能支撑,也无法养育。但学校管理的妥协不能突破"双赢"的底线。

(发表于《教书育人 校长参考》2008年第9期)

学校管理：要种大树，不要做盆景

　　管理促效率、促发展、促稳定……早已成为管理者的共识，有人甚至提出"管理是第一生产力"的观点，与"科学技术是第一生产力"相提并论。教育发展需要学校的有效管理。怎样的管理才是有效的呢？目前学校管理还未摆脱分数第一、学生负担过重、教师压力过大、学生缺乏学习兴趣、学生潜能得不到有效开发等弊端，还未摆脱那种"轰轰烈烈搞素质教育，扎扎实实抓应试教育"的管理模式。有人把这种模式称为"做盆景"式教育。提到"做盆景"，自然联想到160多年前清朝教育家、思想家、社会改革家龚自珍那篇脍炙人口的《病梅馆记》。

　　该文猛烈地抨击当时的统治者和科举制度对人才的糟蹋和对学生个性的扭曲，并喻为"做盆景"，提出了"不拘一格降人才"的改革主张。"做盆景"式教育（应试教育）的危害是它只适应一般人的技术培训，而非创造性人才之摇篮。今日中国已经成为世界工厂，这既是中国的福音，也是中国的悲哀。因为我们只是制造业大国，而非科技大国，制造业只需要规范的技术，而科学和发明却需要创造性想象。我们的应试教育，虽然可以生产一流的技术人才，却无法培养真正的科学精神，无法造就创造未来的天才。那为什么会有人赞同，有人维护，难以摆脱呢？有可能是"做盆景"也需要付出劳动，需要精雕细琢，其成果也有一定的观赏价值，符合某些人的嗜好。如果把我们的教育定位在"做盆景"上,造就的就是些耐看而不耐用的"盆景",自然会毁了我们的民族。

党的新时期教育方针指出:"教育为社会主义现代化建设服务,为人民服务,与生产劳动和社会实践相结合,培养德智体美全面发展的社会主义建设者和接班人。"它规定了为谁服务、培养什么样的人、如何培养等三大问题,同时也明确了要培养具有高度科技素养和人文素养的建设者和接班人的目标。实现这一目标的途径就是素质教育,即"种大树"的教育。

要冲破应试教育的禁锢,实现从"做盆景"到"种大树"的转变,要做的工作不少,阻力也不小。新课程改革是实施这一转变的有效途径。学校管理要顺应改革的潮流,承担责任,义无反顾地坚持下去。尤其是校长,是学校管理的设计、实践和改革者,关系到学校的命运。要想种好学校教育这棵"大树",必须在以下三个方面做出努力。

一、管理目标上:理想 + 理念

教育缺乏理想就会迷失方向,教师就会失去动力,学生也会成为教育的试验品,这很可怕。学校的管理需要教育理想的正确引领。但有人说,实施新课程改革以来教育理想提得少了,而教育理念提得多了,大有"理念"替代"理想"之势,这是否会矫枉过正?其实,强调"理念"除了因其出现较晚,有新鲜感之外,主要是由理想和理念的关系决定的。教育理想是人们对教育实践经验长期提炼与修整的结果,是对教育规律的认识逐步提高的结果,是人们对人才要求和教育前景的共同展望。理想比较稳固、理性和遥远,表述简洁、一贯。而教育理念不一样,它是教育理想的具体表现,形式多样,具有感性、现实性、个体性和可变性的特征。教育理想需要教育理念来支撑,是教育理念搭起了教育理想与教育行为之间的桥梁。

教育理想只有通过教育理念这座桥梁才能转变为有意义的教育活动。在新课程改革大政方针确定的情况下,学校管理者和教师要做的大量工作是把教育理想转变为教学行为。所以新课程改革强调教育理念是非常重要和及时的,与贯彻教育理想不矛盾。教育行为主要由教学行为和教育管理行为两部分构成。在此,对于教学行为不想多谈,重点讨论教育管理。教育理想和教育理念层次不同,作用也不一样。在学校管理目标的确定上,要做到理想＋理念。

教育需要理想的推动力。实现理想周期比较长,只能分阶段来实施,主要是依赖先进理念指导下的教育行为来完成。具体到某一所学校的管理,该如何在坚定教育理想的指导下,强化教育理念呢?

一是教育理念要维护教育理想。教育理念是理想的具体表现。先进理念必须与理想一致,并维护理想的正确性、先进性和持续性。理念不是随手拿来的,要慎重地选择,要符合和体现新课程要求,使新课程改革少走弯路,提高效率,及时纠偏,让先进的理念引领教育快速、健康发展。如,面对大学毕业生因就业难而出现的新一轮"读书无用论",就必须用"世界上没有哪个民族是由于受教育程度高而贫困的,也没有哪个民族是因受教育程度低而富裕的"的教育理念来说明教育理想的远景。

二是教育理念要强化教育理想。教育理想是笼统的,只是维护教育理想显然是不够的,也是没有说服力的。要通过教育理念把教育理想具体化、形象化和可操作化,让教育工作者和大众看得见,摸得着,能行动。如在解释和落实教育理想中的"教育为谁服务"的问题时,教育理念要能具体解答:为什么要为祖国建设服务,要为人民服务?怎样服务?学生为了长大后更好地为祖国建设服务,为人民服务,今天该学些什么,做些什么,注意些什么?让他们非常清晰,只有这样，教育理想才能在贯彻理念中得以强化，成为师生共同的坚定信念。

三是教育理念要实现教育理想。教育理想必须由教育行为来具体实现。教育行为是具体的，但具体行为蕴含教育理念的灵魂，否则教育行为就会成为一厢情愿的盲动行为。特别是新一轮课程改革中，教师普遍存在原来的思维定式，多数处在旧观念旧方法不敢用、新理念新手段不会用的尴尬境地。如果缺乏指导必然增加盲动，好心办坏事。面对这种情况，校长首先要带好头，掌握、熟悉与新课程匹配的理念，并制定与新课程理念匹配的管理细则，提供教育教学范例，引领教师走进新课程、熟悉新课程、实施新课程。

四是将教育理念整合为管理文化。随着新课程改革的逐步推行和深化，新理念层出不穷，如以人为本理念、合作学习理念、自主创新理念、课堂生成理念等等。但有时也容易把一些偏激的观点、偶有的一点心得、改头换面的老经验冠以新理念的头衔，搞得教师云里雾里，不知所措，跟风成为风气，累得要命还不知想要干什么、正在干什么，对新课程改革和学校管理缺乏信心和预期。学校管理者要抢先一步，头脑清醒，不为繁杂理念所惑，熟悉形象表述新理念的方法和技能，并善于整合理念，提出特色办学理念、目标和思路，善于营造学校的特色文化。这不仅是学校发展的趋势，也是提高学校管理档次的需要。

校长首先要有"种大树"的理想和信念，发掘"种大树"的方法和技能，并练就"种大树"的恒心和细心，敢于摆脱"做盆景"的功利思想，善于冒险，勇于牺牲，冲出应试教育的牢笼，展现气魄和胆略，让教育之树常种常青，为更多的学生成为参天大树打下基础。

二、管理实践上：制度 + 限度

学校管理需要好的制度来维护、规范和强化，并通过执行制度来落实。现代学校都有成文或不成文的管理制度,制度管理、依法治校早已深入人心。但只要把校与校的制度做一比较,不难发现,制度与制度的差异很大。有的非常详尽,"规范到牙齿";有的非常粗糙,模棱两可;有的非常严厉,"罚"字当头;有的非常宽松,通篇关怀。这些要求不同、风格迥异的制度都能在教职工代表大会上通过,说明其存在的合理性。详、略、宽、严的制度都需要。具体到一所学校,把握不好度是引发和激化矛盾的根源。那么怎样把握呢?

一是遵循教育规律。这主要是从制度内容上来说。教育规律指的是教育自身规律和学校发展规律。结合两者必须找好平衡点。光符合教育大规律不符合学校实际不行,反之也不行。教育和学校都是动态发展的,动态的平衡需要动态把握,需要适时调整学校制度。一些学校就是由于制度老化,校长凭老经验办事,导致停滞不前;一些校长相信"他山之石可以攻玉",借鉴他人经验,移植国外理念,也吃尽了苦头;有的校长自信个人能力,一人说了算,搞得怨声载道,都是没把握好度。

二是激发敬业精神。学校制度不能刁难教师,为难学生,而要体现尊重人、关心人、发展人、培养人,做到以人为本。这是现代教育对学校制度提出的新课题。制度的重点不在"管",而是"理",两者不能颠倒。"理"的重点是给被管理提供更多的展示机会、发展空间。这是检验制度好坏的重要标准。目前学校制度中以重奖重罚为特色的不在少数,如迟到一次扣几分、罚多少,论文未完成扣几分、罚多少,实行末位淘汰制、减员增效制等,倡导的是"杀一儆百"。学校成了"刑场",教师心被罚冷了,提心吊胆,没有安全感,哪里还有积极性?还设立一系列重奖,如一个学生考上重点高中奖励老师多少,一个学生考上清华北大奖老师多少,为学校筹集经费返还多少等,奉行的是"重赏之下必有勇夫"的理念。学校成了战场,教师成了勇士,分数成了堡垒。不可否认,这些制度在短期内会有一定的效果,但不是学校制度建设的主旋律。重奖的后果是把奖金集中到少数"会教书""会办事"的对象身上。无奖便是罚,伤害了多数人的心。这是一种最大的损失,是花几倍的精力都难以挽回的。教师队伍是一支素质较高的知识分子队伍,有爱面子的一面,有时把面子看得比金钱更重要。学校制度要以奖励为主,奖励面要广,精神和物质奖励要有机结合。

三是防止形同虚设。从无制度到有完善的制度并不容易,但有一套好制度不认真执行会更麻烦。有些学校执行制度不严谨,标准不一,时而照制度做,时而校长一人说了算。还有的把制度作为一种摆设,一种应付检查的材料,制度出台也不按规范程序。这些不严谨的做法,容易导致校长集权,管理不规范,落实不到位,从而影响学校的进步和发展。

执行制度要强调原则性和灵活性。做到既遵守制度,又发挥制度在管理中的最大效用,就是一个掌握度的问题。把握得好坏,不仅是校长管理艺术的体现,更是校长管理智慧和综合能力的集中体现。

三、管理评价上:定量 + 定性

新课程标准提出重视定性评价的要求,这是评价改革的一大跨越。然而,事实上目前学校重视的是量化评价。如,教育行政部门考核学校普遍采用的就是百分制。为此,学校对教师的考核也就相应地采用百分制。学校考核分数的高低不光代表校长的政绩,关系到校长的升迁,还与奖金和福利挂钩,是一项关系名利的大事,似乎谁也不敢怠慢。教师考核分数的高低是评判好教师和差教师的重要依据。于是就出现了制定游戏规则者尽量考虑如何对自己有利、多数被考核者平时工作总是围着考核条款转等现象,考核时自评满分早已不足为奇,不高白不高,考核组成员顺应人情也早已成为考核的潜规则。量化考核在学校管理评价中被异化。

学校是培养人的场所,教育是培养人的行业,人的成长和转变是很复杂的,是很难控制和预测的,只有更好,没有最好。对学校和校长、教师的评价要遵循一分为二原则。所以,学校套用其他企事业单位的管理模式和考核办法显然是行不通的。考核评价太清晰只会给教育造成更大的损失。这本身就是一种不负责任的表现。理由如下:

一是由教育的特殊性决定。学校教育不是工厂生产产品,不能统一型号、统一标准,不能批量生产,更不能从时间上和数量上来考核效率。再说一个人的成长不是一所学校、一位教师能决定的。这不是为了逃避责任,这是教育规律本身所决定的。所以给某所学校、某位教师一年或一个学期的工作打一个分数,会科学吗?那样做只会导致教师浮躁和功利心理膨胀,导致教师积极性下降。

二是由教育的长效性决定。学校教育会影响一个人的一辈子,这不用说,但是学校昨天教的和今天做的到底哪个对学生的成长起关键作用,今天教的和明天想做的到底什么时候才会在学生身上起作用,谁也搞不清楚,预测不到,常规的归因理论对教育是行不通的。因为学校教育是为一个假设的未来社会培养人才。"十年树木,百年树人。"教育的长效性决定了不能把教育工作程式化、量化,否则就是对学校教育的一种贬低,是对教师工作的一种侮辱。量化评价只能导致大批教书匠诞生。

三是由教育的过程性决定。学校教育只是学生受教育的一个重要过程,成材的关键是工作岗位上的练兵和感悟。各级各类学校也无非是完成一个人受教育的某一个过程。学校教育有连续性,很难说哪个阶段对某个学生特别重要，如幼儿园、小学对学生的启智和良好习惯的养成非常重要，而大学对学生的专业发展非常重要，但谁又能说清是小学重要还是大学重要。许多上了大学的学生感谢的是高中的老师，忘记了或看不起小学教师，这种认识是有问题的。所以，对某所学校、某位教师、某个班级、某位学生的某一阶段的过细定量评价显然是不恰当的。

四是由教育的人文性决定。教育的人文性呼声越来越高，因为人们越来越认识到人文教育对一个人成材的重要性。理想的人才必须具备良好的科学素养和人文素养。如何有效培养学生的人文素养是新课程研究的一个重点。人文教育重在人文内容的学习、人文环境的熏陶和教师人格魅力的影响。人文教育往往因一次不经意的触动和体验而起作用，是比较微妙的。时机的把握、内容的选择、活动的安排和程度的掌控等等，靠的是管理的智慧和教师的灵感，往往只能意会不能言传，不是教材知识所能代替的。教材仅仅是一种载体，更多的要依赖教师的责任心、事业心、敬业精神和人文素养。人文教育是一项以心换心、以人育人的复杂工作。让学生学好书本知识，考出好分数，这并不很难，难就难在学习过程中人文素养的提升。人文教育的重要特点就是宽容和模糊，量化细化只会削弱人文教育，这是与现代教育的要求背道而驰的。

教育评价是教育改革的瓶颈，短期内要有重大的突破是不现实的，但改革的空间还是有的。学校要加大定性评价的力度，这是贯彻教育科学发展观的要求。学校管理评价改革是对一位管理者事业心、责任心的重大考验。

教育"要种大树，不要做盆景"的观点谁都会接受。"种大树"的关键是给学校、校长、教师和学生留更大的空间，尤其是学生。那些家长不顾孩子的特长和兴趣，一律要求子女学钢琴、学绘画，盲目跟风的现象;那些教育行政部门对学校的考核,学校对教师、学生、班级的考核越来越具体、越来越细化、越来越量化的趋势;那些一味强调细节决定成败的理念,只能使学生对学习越来越没有兴趣,使教师和校长越来越偏激,把目光放在细微处,缺乏纵观全局的大气。

(发表于《校长管理艺术》2010年第8期)

论中小学校长如何带好管理班子

【摘要】学校管理是一项科学性和艺术性很强的系统工程,而关键是校长能否带出一支充满战斗力、专业性强且经得住困难和时间考验的管理团队。校长在管理团队建设中,如果能始终做到对下属委以实权,倡导民主管理,加强监督,并对下属进行悉心指导,提高管理班子素养和凝聚力,充分发挥团队作用与优势,则不失为一条成功之路。

【关键词】校长 带好 管理班子

校级和中层班子(以下简称管理班子)是学校管理的执行者,是校长管理意图的具体贯彻者和推动者。"火车跑得快,全靠车头带。"管理班子就好比一列火车的车头,学校管理的好坏,关键是看他们是否有所作为。任何明智的校长都会花大精力去带好这套班子,发挥好管理的核心作用。校长是学校的主心骨,对这套班子怎么看、怎么用、怎么建设直接关系学校管理的发展。

一、对下属委以实权

校长对下属委以实权,目的是解决集权所带来的弊端。要校长分权,说说容易,做起来并不简单。在我们这个官本位思想根深蒂固的国度里,权力是地位与成功的象征,把权力分散给下属往往是嘴上说得好,行动上却不是那么一回事儿,这是对权力难以割舍的具体表现。现代校长要打破集权的思想禁锢,善于分权,并用好手中的权力,才能管理好所在的学校。

(一)明确校长定位

校长队伍中以我为中心,一人说了算的有之;事必躬亲,亲力亲为者有之。有人说:"前者会被人恨死的,后者会把自己累死的。"这样的校长是危机四伏的。前者因漠视民意,往往会引发矛盾。后者在骨子里,一是对下属不信任,不敢放手,不够大气;二是自信心不足,怕工作落实不下去,所以自己动手。一旦出了问题,他们只能往自己肩上扛,吃力不讨好。校长是学校的灵魂,是学校发展方向和发展愿景的总设计师,校长的主要职责是理念与思想指导和学校文化建设,在"用脑"而非"用手"。校长只是组织委派的一名学校管理者,是学校的法人代表而已,能够实行家长制吗?能靠"以校为家"而"勤劳致富"吗?校长要从集权和亲力亲为中走出来,敢于分权、善于分权,真正发挥学校管理权限的作用。当然,学会分权不是鼓励做"甩手掌柜"。分权也是有规则、有条件、有程序的,说放就放,会导致一盘散沙。如杭州某区教育局规定校长管安全、管教学,把财权、人事权下放给副校长,运行下来很平稳、很有效。这样,校长才能从繁重的事务性工作中摆脱出来,集中精力抓教学,集中精力规划学校的现在和未来,也可以集中精力做与校长职责相关的学术研究。

(二)落实岗位职责

校长对下属委以实权是为了进一步落实岗位职责,明确岗位责任,努力实现权、职、责合一。管理班子最忌讳的是有责无权,做事被捆住手脚,出了问题校长一推了之,责任在自己头上。在明确权、职、责后,上网、上墙公示,做到公开、透明。这样管理班子不干也得干,因上有校长,下有师生,外有社会、家长共同监督,工作不积极都难。

对下属委以重任本身也是科学性、艺术性的结合,要做到点、线、面通盘考虑。"点"就是管理中具体的硬性工作与责任;"线"是有纵向或横向、前后与上下衔接的工作与责任;"面"就是整体工作和责任。任何管理班子成员都要承担起"点、线、面"的职责。

(三)组建管理团队

下属有权、有职、有责之后,校长要做的关键工作是抓团队建设,否则就难以发挥"一加一大于二"的团队作用。团队成员互相合作,分工不分家是个大原则。一是团队成员有愿望,如通过岗位竞聘演说、上岗前承诺、宣誓、中期汇报、期末总结等形式,激发团队成员凝聚力量。二是通过组织活动历练。团队精神来自哪里?自然来自团队活动。为此,有目的地开展大型活动,如在学校体育节、科技节、艺术节、读书节等活动中历练团队精神,提升团队的战斗力。

对下属委以实权的好处是能营造人人有事干、人人愿干事的良好学校风气,提升管理班子主人翁地位,避免和减少因校长权力过于集中、独断专行而造成失误。即使管理班子成员造成了工作失误而把"皮球"踢给校长,校长还是有回旋余地,同时在很大程度上能减轻校长的压力。

二、倡导民主管理

倡导民主管理是为了摆脱霸道和独权,是现代学校管理的精髓。校长要顺应潮流,敢于充当学校民主管理的急先锋,在自己的学校里闯出一条民主管理之路,为现代学校管理做贡献。

(一)校长率先垂范

俗话说:"群众看党员,党员看干部,干部看领导。"校长的民主形象和民主作风在推行学校民主管理中起着非常重要的示范作用。一是树立亲民形象。说话亲和、态度诚恳、平易近人、平等相待,认真倾听来自社会、家长、教职工、学生的建议和要求；经常深入教学一线，走进课堂、走进食堂、走进教室、走进学生宿舍、走进教职工家庭了解情况，解决问题。二是规范民主渠道。如定期举行校级和中层班子汇报会，按期召开教职工代表大会，规范工会制度，举办好家长开放日和家长会，落实"学生一日校长制"等，贴近社会、家长、师生。三是做好民主决策。发现问题，了解民情民意，主要目的是解决问题。要在合理建议的基础上及时解决问题，要做到"面子"与"里子"相一致，才能博得教师、学生及家长的信任。

（二）遵守民主规范

学校民主规范的核心就是管理透明、公开，听取基层意见和呼声。民主规范管理的底线是符合绝大多数教职工和学生的愿望，遵循学校和教学发展的自然规律。校长在管理中出问题导致教职工议论和不满的，往往是由于学校"三重一大"（重大事项、重大项目、重大人事任免和大笔经费支出）不透明、不公开、程序不到位。为此，"三重一大"管理要做到符合规范和程序。学校管理班子要充分酝酿和民主决策，程序公开、透明，扩大知晓度。学校管理中还要防止小事情引发大矛盾，尤其是一些似是而非、说不清道不明的教职工的议论和猜忌。学校也要建立一套防范与处置机制，尽量把问题处理在萌芽状态，发挥好教职工代表的作用，发现一起及时处理一起。学校要设立发言人，及时通报情况，减少误会，不让问题蔓延。

（三）推行民主程序

民主规范中已经包含民主程序。这里强调的民主程序主要是指，在学校组织大型活动、推动某项重要工作时，要善于在民主决策基础上，民主组织，民主协作，确保整项工作顺利、高效展开与运行。学校的重大活动、重要工作，有来自上级的布置和安排，有学校推进工作的需要，有与其他部门或单位配合共同推进的工作。这类工作牵涉的人力、物力、精力往往是比较庞杂的,如果一个环节出了问题,会影响整个活动的进展,需要慎之又慎。这类工作的组织、安排和落实,需要校长亲自牵头,分层落实,如确定活动总策划人、设计活动方案、确定方案、协调部门之间的合作、活动过程管理、活动后的评价总结表彰、活动资料归档等。笔者具备多年校长岗位经验,对大型活动都要求方案具体到位,包括校内校外的抽调与配合、经费预算、场地划分、活动程序、应急预案等。学校的各类大型活动需要各部门轮流执行,活动性质与哪个部门相近,就由哪个部门总策划和组织,使每个部门都有锻炼机会,并在实践中得到检验。

民主管理的效率明显不如一人发号施令、一人说了算的人治管理高,但为什么还要大力推行民主管理呢?因为民主管理能最大限度地减少决策与工作失误,并使人人参与、个个知晓,人们心情舒畅,活动开展起来比较顺利。

三、加强监督

信任不能代替监督,完善监督机制非常重要,因为通过监督,能有效预防因惰性和侥幸心理而犯下的错误。监督机制更是学校现代管理必不可少的经验,通过有效监督,才能真正把权力装进制度的笼子里。在学校管理中,要大力提倡以下三种监督方式。

(一)校长监督

现代学校管理反对校长事必躬亲,倡导执行校长的思想管理、制度管理、愿景管理和文化管理。但校长千万别做理念的巨人,生活在象牙塔里,对管理班子不管不问,做聋人、装盲人。多数校长是从基层成长起来的,本身就是学校管理的行家里手,做好监督是绰绰有余。在学校管理中,校长既要承担管理的责任,又要做管理旁观者。校长要定期不定期、有意或无意地对学校的方方面面进行巡视与监督,做一名学校管理的有心人。这样做,一是让师生感到校长就在身边,有亲切感、安全感,无形中增强工作的自觉性;二是能够及时发现问题,及时提醒,增强管理者的责任心。校长同时可以做到针对具体问题做个别提醒,及时纠错补缺。

(二)相互监督

校长监督能有效促进相互监督。校长监督是一种监督手段,目的是促进管理者相互监督。相互监督实际上是一种最好的相互尊重与合作。通过相互监督,可以减少疏忽,及时纠错,减少损失。管理者通过长时间相互提醒,也能增强信任,促进团结,加强凝聚力,建立深厚情感和友谊。学校工作只有齐心协力、相互监督、相互鼓励,才能提升。

(三)组织监督

如果校长监督和相互监督是一种管理层内部监督,那么组织监督就是一种带有外部性质的监督。内部监督之所以不能彻底,需要通过外部监督来补充,主要是因为人们碍于情面,会给监督留空当。外部监督的形式、内容和渠道是多元的,如邀请或接受教育督导、纪检组和相关部门或组织的检查、指导,必要时可以聘请第三方的专业机构监督指导,还可以通过家长委员会监督指导等。管理监督有分层分类、专项专门和全方位监督等。如学生餐,通过挑选家长代表从食品采购、食品价格、食品加工、食品储存、营养搭配和学生反映等方面全过程全方位监督,就能有效解决多年来多方面不满意的诟病。

校长对加强监督不要有畏难情绪,不要认为是对自己的不信任。监督是落实现代学校管理的利器,加强监督从某种意义上是在帮校长、爱护校长、减轻校长负担。

四、悉心指导

谁也不是天生就会管理或天生就能做好管理,没有生而知之者,只有学而知之者。从事学校管理工作,有一个从陌生到熟悉、从不专业到专业的过程。通过相应的指导、培训能缩短管理者的成长周期。

(一)岗前指导

管理中,学校副职和学校中层的调动与提拔是比较频繁的。对新提拔和调来的管理班子,上岗前的指导、培训不能少。在上岗前,校长要与相关人员谈心、谈话,使其了解学校管理性质、特点和实际情况,提高其思想认识。学校组织的指导培训班要做岗位职责要求的介绍、校情的展示,通报新学期的工作有什么新变化、新要求,同时请有经验的相关岗位人员介绍实践经验。所有管理岗位人员上岗前,都要接受一次很好的指导培训,使他们上岗前就充满信心,有思想准备,从而少走弯路。

(二)问题指导

在岗位管理中出现失误或遇到偶发事件是难免的,积累经验是减少失误和预防偶发事件的主要方法。针对重大失误或偶发事件,校长要亲自关心和过问。对带有普遍性或影响比较大的事件及偶发事件,要组织相关人员分析情况、追究根源、解决问题,并采取防范措施。对一般性失误或偶发事件不要人为扩大影响或追究责任,要就事论事,作为个案精心处理和指导,发挥个案在管理中的迁移作用。如笔者曾经询问多位校长:"学校发生重大责任事故后,除了处理事故外,要做的第一件大事是什么?"多数校长支支吾吾,心中没有底。我的做法是首先召开全体教职工通报会,通报事故起因、损失和可能造成的影响,然后统一口径,一致对外,做到假话不能说,从而减少不明真相的误传,减少舆论误导,争取事故处理的主动权。

(三)经验指导

有人说:"经验+反思+学习=成功。"岗前指导与问题指导固然重要，但经验的吸收、实践的反思，再加上专业知识和理论的学习更能促进快速成长。一是参加教育行政部门组织的相关管理岗位人员的专业培训；二是通过"走出去请进来"的方式，学习外地和他人经验，他山之石可以攻玉；三是总结本地经验，本地区学校具有同质性，可是各个学校的做法又不完全一致，总结成功经验和失败的教训十分必要。如笔者曾经有幸救过两次"火"。某所学校出事，教育局临时派我过去收拾"烂摊子"，我不负众望，成功"灭火"。有人向我讨教经验。我告诉他们，到了学校尽量少表态、少说话，一般学校出事后多数会私下议论纷纷，人心浮躁。校长要抓学校中心工作，进入课堂听课，尤其要听那些跳得高、叫得响的教师的课。校长听课，教师总没有拒绝的理由吧。听课后，首先打消教师的顾虑，对他的教学给予中肯的评价。其他教师也在关注，校长什么时候听他的课呢？这样，不但转移了教师们的注意，而且借评课交流还可以掏出教师心底的话。这既是狠招，也是妙招，前提是校长是业务能手，懂业务、能评课，能做到以理服人。

总之，校长对学校进行管理，要做到"先人后事"，在管好、带好、用好管理班子的同时，管理好学校。

（发表于《中小学校长》2018 年第 12 期）

保持强项 扶持弱项 填补空白 整体提升

——校长管理学校思路

【摘要】学校管理离不开稳健、持续、健康的发展,就是在这个鼓励创新管理、创新发展的时代也很重要。少数学校为什么会停滞不前,甚至被淘汰?主要在于校长管理不当和决策错误。如何防止学校停滞、倒退和校长犯错误呢?这就需要比较统一的、规范的学校管理思路来引导和约束校长的管理思路和行为。保持强项、扶持弱项、填补空白、整体提升不失为一种好的思路。

【关键词】保持强项 扶持弱项 填补空白 整体提升 校长 思路

有人说,一所好学校是几代校长持续努力的结果,而要毁掉一所学校只要一任校长一年的时间,甚至更短。可见,校长在学校发展中起着举足轻重的作用。

一位校长在接手一所新学校之后,首先考虑的不是跨越式发展和绝地反弹,而是在稳健发展的基础上寻找机会或抓住机会实现快速发展或有效发展,因为教育是一种慢活。再说,学校属于社会的上层建筑,经济基础决定上层建筑,学校发展受到诸多因素制约,往往是不以人的意志为转移的,必须遵循教育管理的规律。那么,怎样才能确保学校持续而又快速地发展呢?

一、保持强项

每一所学校的发展既有其历史基础,也有现实原因。哪怕是一所落后的学校,只要还存在,就有其存在的基础和条件,这点不能忽视。因此,一位校长接手一所新的学校的时候,千万不能对学校一概否定,或"新官不理旧账"地"另起炉灶"、另搞一套。这种做法不仅是对前任的不尊重,也容易挫伤广大教师的积极性,往往会留下后患。正确的思路应该是在尊重学校现状的基础上,寻找学校已有的强项,在肯定强项的基础上推动学校良性发展。

学校的强项包括:一是社会资源,也就是老百姓对学校信任,社会对学校关心、支持,这是学校发展的外部大环境。二是自然资源,有当地自然资源强项,如传统的尊师重教好风气,学校的地理位置好,学校的设施、设备齐全等硬件条件。三是学校内部强项,包括师资整体水平高、骨干教师队伍强大、课程开发好、教学成绩高、组织活动能力强、内部管理水平高等。要想充分发掘学校的强项,校长就要善于发现。就一所学校而言,强项是相对的,可以是与周围兄弟学校相比,或者学校内部项目与项目相比,还可以是过去与现在进行比较。总之,无论什么样的学校,校长只要能尊重历史和尊重现实,总是能发现强项的。让教职工们看到本校取得的成绩,看到学校的优势,从而瞄准方向,重新启动,这也是新校长开展工作的有效突破口。学校要想发展,就要在保持强项的基础上放大强项、壮大强项,以强项为龙头,实现强项迁移,使学校逐步进入良性循环。这是一位校长管理水平和艺术的体现,也是校长在接手一所学校初期必须遵循的原则与底线。

二、扶持弱项

学校发展如人的发展一样,要在全面发展的基础上鼓励个性发展。全面发展相当于金字塔的基座,个性发展才是塔身,越往上个性越冒尖。我想世上没有哪所学校会只致力于培养学生一项技能,肯定是育人、育知、育能的结合。任何学校,在发展过程中都会存在一些弱项,也就是说学校发展的弱项永远是存在的,扶持弱项即补短板,也是一项需要不懈努力的重要的管理工作。为此,面对一所学校,不要因为存在某项不足,即弱项,就丧失信心。扶持弱项是学校管理的重要项目之一。我们要对弱项进行科学排位,如哪项需要及时加强,哪项还可以暂缓,哪项需要长期准备,在充分利用现有资源的前提下逐项解决,而且要把弱项分析传达给全体教职工,多方征求解决方案,在充分征求教职工意见的基础上齐心协力抓落实。

其次,千万不能以特色发展为借口,试图"以一俊遮百丑",特色发展一头热,顾头不顾尾,导致弱项得不到扶持,强项得不到保持,空白增加,学校进入恶性循环。笔者曾经了解过这样一所学校,其婺剧进校园搞得有声有色,并要求学校所有师生会唱婺剧、会演婺剧,相关的荣誉证书挂满墙,参观者络绎不绝,经验交流会场场爆满,然而教学成绩一落千丈,排在地区末尾,最后失去家长的信任,生源逐渐流失,校长只能溜之大吉,学校发展进入低潮期,好端端的一所学校就这样走上下坡路,着实令人心疼。

最后,要居安思危,才能永葆青春。好学校要永葆青春不是件容易的事,其要付出的人力、物力、精力并不比差学校少。对扶持弱项要有正确认识:一是好的学校也有弱项,设法阻止弱项的出现和扩大,才能使名校的地位不受损。二是随着学校发展,新的弱项会不断出现,甚至强项还会变为弱项。为此,校长要有前瞻性,避免弱项产生和强项变弱项。如:某校的数学教学在当地有一定的知名度,可以说是当地的一所名校。但由于两任校长不重视,数学教师逐渐懈怠,数学教师整体年龄结构偏大,骨干教师调出却得不到有效补充,加上有偿家教不良风气的影响，使该校数学学科成绩出现了断崖式下滑，成为该学校教学的弱项。三是扶持弱项要舍得花本钱花精力，先要有防微杜渐的意识，发现问题要及时调整，努力把损失降到最低，对学校负责，对学生负责。

三、填补空白

学校要实现持续发展，必须有新知识、新内容、新要求，这也意味着新的空白会不断出现。因此，填补空白就是学校管理和教育发展中永恒的主题。学校发展过程中，对新生事物要主动适应与接受，要主动作为。如，随着信息时代的到来，学校需要添置相应的设施设备，需要对教师进行相关的培训，要设置相应的课程，要让信息技术进课堂等。再如，为了满足学科核心素养发展和教材改编的需要，要对教材使用、教学方法进行相应的改革。为了继承和发扬中华民族优秀传统文化，在新编统编教材中可颠覆性地增加古诗文和代表中国优秀传统文化元素的内容等。

教育教学空白，一种是外加的，例如，新高考改革是来不得半点马虎的，需要顺势而为，实现从不理解到主动作为。还有一种是内部产生的，例如，增加新学科导致相应学科师资短缺，学科调整导致相应学科教师富余等，都是难以回避的，都需要我们迎难而上。因此，学校管理一定不能保守，保守就意味着落后，意味着新的空白会不断产生，最终影响学校可持续发展。

空白也意味着新困难新困惑的产生。面对困难或困惑，一定要正确对待：一是不能有畏难情绪，不能等靠要；二是不能有麻痹轻敌思想，否则后果严重；三是面对空白要主动出击、不留退路，要充分了解空白的实质，做好顶层设计，有计划、有方法、有步骤、有措施地精准发力。

四、整体提升

保持强项也好,扶持弱项也罢,甚至填补空白,主要目的都是发动学校发展的引擎,促进学校全面、整体、有效地发展。衡量学校是否在健康、有效发展,一个很重要的指标就是学校的综合实力和整体形象。强项得不到重视,弱项得不到扶持,空白得不到填补,学校发展就没有动力,何谈健康、有序发展?何来学生的全面发展与个性张扬?为了学校的整体发展:一是制定学校发展的整体规划。学校发展的整体规划在一定程度上也就是学校发展的科学定位。学校发展的整体规划,可以加入校长的个人意见,但绝不能校长一人说了算,要整合政府部门、教育主管部门、其他相关部门、学校班子、教职工的意见,在充分酝酿和科学论证的基础上产生,还要由专业班子设计,尤其是新学校整体规划设计,最后要由全体教职工大会通过,做到上下齐心,凝聚合力。二是规划落实要持续、严肃,要杜绝一任校长换一茬的情况,这不仅是浪费、折腾,更是一种内耗,会严重阻碍学校发展。三是整体规划的修正要走正常程序,通过集体讨论和专业部门论证后再决定。四是摆正校长位置,学校不是校长的私人财产,学校重大事情的决策一定要集合集体的智慧,尤其是"三重一大"(重大事项、重大项目、重要人事任免、大额资金支出)必须公开、透明,科学决策、程序完善。校长是法人代表,是以法人代表身份来管理学校的,怎么可以不负责任地随心所欲呢?

个人主义是现代学校管理的毒虫,是滋生不稳定因素和导致教职工不团结的土壤,是导致校长随意决策的思想根源。例如,某些校长以校园文化建设为名或以学校特色发展为借口,想干什么就干什么,想怎样干就怎样干,想叫谁做就叫谁做,导致学校怨声载道,严重影响学校发展。为此,各级教育行政部门在选校长的时候,一定要看准人、选好人、用好人,尤其要加强党风廉政建设,帮助校长树立事业意识、责任意识、规范意识,克服形式主义,确保校长不犯错误。校长队伍的廉洁是保证各级各类学校健康、持续、快速、有效发展的重要前提。教育发展和学校管理还存在不少盲区,有待我们探索。而实践证明,"保持强项、扶持弱项、填补空白、整体提升"是现阶段学校管理比较稳健和有效的思路,值得借鉴。

(发表于《校长参考》2019 年第 2 期)

校长管理学校的三度思维：
突破—创新—亮点

【摘要】 校长管理学校的风格迥异，但最终的目标基本一致，即每个学期都做到重大工作有所突破，重点工作有所创新，常规工作做出亮点。

【关键词】 学校管理　思维　突破　创新　亮点

学校管理有学校管理的规律，它既要符合所有学校管理与发展的共性，又要遵循某所学校管理与发展的个性。学校管理既不可能套用行政命令的模式，不可以套用企业的套路，也不能仿效其他学校的老路，更不能走急功近利的邪路，而应努力探寻，走出一条符合本校实际的管理与发展之路。学校管理强调人文气氛的营造、校园文化的积淀、道德信念的传播、科学思想的引领，学校管理与发展追求的是稳中求进，实现全面发展。作为一校之主，校长的管理思路对学校发展有十分重要的影响，校长的管理态度决定学校的出路，一个好校长就是一所好学校。要想造就一支管理思路清晰的校长队伍，教育行政部门首先要选好人，稳定校长队伍，频繁地更换校长非常不利于学校的可持续发展。其次要培养人，要定期组织专家团队对每位校长制定的长、中、短期发展目标进行评定，并督促校长采取相应的管理措施，使校长们能快速地成长起来。再次要用好人，要做到用人不疑,疑人不用,既要鼓励校长发挥特长,又要加强对校长的监督,定期或不定期地组织相关部门对校长的学校管理行为和教职工反响进行诊断、评估,并提出合理建议,保障学校的良性发展。

即使是名校,其实也是经不起折腾的,有些学校之所以成为"老大难"学校,往往就是因为某一任或持续几任校长没有按规矩出牌,从而助长了某种歪风邪气,或因校长能力不足,没有及时发现或阻止不良风气的蔓延,使小群体成了一定的气候,阻碍了学校的发展。从表面上看,这似乎是校长的品行与能力有问题,而实质上是管理思路出了问题。学校管理中有重大工作、重要工作和常规工作之分,只有思路清晰才能分清轻重缓急,维护大局,不出纰漏,这就是校长管理学校的三度思维。

一、重大工作要有突破

学校发展水平与老百姓对教育的期待始终是一对矛盾。当社会与家长的需求长期得不到满足时,就容易引发矛盾。发生这类事件,政府虽然有不可推卸的间接责任,但直接责任还是学校的。因为任何事件的发生都有一个萌发和酝酿的过程,校长对来自社会和家长的声音不够敏感,就容易错失有效处置的时机而导致事态扩大。随时掌握社会与家长对学校的态度,并配合相关部门设法及时解决,这就是学校管理中的重大工作。

所谓学校管理中的重大工作,就是关系到学校持续发展、难度比较大而一时又难以解决的重要工作。这类重大工作包括学校规模的扩大与校园的扩张,如优质教育资源共享、创办教育集团、学校升级转型与设施设备的改造,甚至学校的重新布局等。这些重大工作周期比较长,需要多部门配合,校长要承担组织者和主心骨的责任,既当好信息员,又当好运动员、裁判员,确保每个环节、每个步骤顺利推进,使重大工作能得到圆满完成。

1. 参与方案认证

如随着学校周边房地产的开发,城市化的加快,原有的学校规模和校址必然要发生相应的改变。对此,校长一定要主动应对,从学校发展角度出发,尽早收集数据,预测趋势,及时与相关部门沟通,并拟定合理建议与方案。尽量避免因设计方案欠考虑和缺乏论证而导致失误和浪费,减少因不切实际、脱离群众而出现新矛盾。

2. 协助过程管理

学校布局、校舍安排、校园布置体现学校特色、彰显校园文化。校长要努力协调与设计部门的关系,要积极参与,不能等到交付使用了,才发现这里有问题,那里不满意,这里要改建,那里要改造,这里不合理,那里不适宜,那就太迟了。因此,校长的方案一定要得到相关部门的认可,并认真考虑上级部门提出的一些合理建议,避免出错。

3. 管理好新学校

万事开头难,新学校新设施,虽然是好事,但也会带来一些新的管理问题,这也是校长要密切关注的重大工作。进入新校伊始,师生都需要克服心理、生理上的不适应,包括上下班路线的改变、设施设备不熟悉、技术技能跟不上等导致的不适应。对此,校长要提前做好安排,及时地向师生介绍新环境,使师生能尽快地接受新环境、适应新环境。只有人心稳定,才能做好各项工作。

总之,学校重大工作就好比学校发展中的壁垒。尽管校长很难完全把控学校的重大工作,但对待学校的重大工作,校长一定要有热心有信心有耐心,要有敢于突破的勇气,确保学校工作时时有突破,步步有落实。校长要善于运筹帷幄,做好幕后英雄。

二、重点工作要有创新

如果说,学校重大工作直接关系学校的发展和生存,那么,学校的重点工作则会决定一所学校的发展品位和发展档次。纲举目张,只有做好学校重点工作,其他工作才能顺利推进。做好重点工作的关键是思维与措施的创新。时代在发展,社会在进步,对待学校的重点工作,我们必须勇于创新,才能不断适应新变化。学校重点工作涉及面比较广,如教师绩效工资分配、教育教学质量提升、课程改革与科研匹配、教师教育与教师成长等。这些方面的工作都需要校长来亲自计划、安排、执行、落实、评价、修正。就拿学校的教师团队来说,每一位校长都希望有一支德才兼备、学识扎实的教师队伍,但又苦于教师培训缺乏良策,教师成长不充分不平衡,难以适应教育发展的需要,怎么办?

1.按教师级别分类

一所粗具规模的学校,理想的教师年龄结构应该是老中青皆有。不同教师的教学水平可存在差距,如果过于追求强手集聚,也容易产生内耗,反而会影响教师能力的发挥。再说,多数学校的人事安排都要听从上级的指挥,自主权不是很大。因此,对学校现有的师资力量,校长一定要部署好,并尽量使其各尽所能,量才适用。可以把教师群体分为四类:新手、熟手、能手、高手。确保每一类教师都有,并根据学校教学实际需要培养教师,使教师都能得到持续发展。

2.以类型设定目标

教师培训,即教师教育,虽然离不开上级教育行政部门的宏观安排,但更需要学校培训的科学补充。如何为每位教师制定符合其实际的培训计划,是很多校长都在研究的一个重要问题。例如,把参加工作1—3年的教师确定为新手,培养重点是强化"规范",让他们在教育教学实践中认识、熟悉、掌握、运用好教育教学和学生管理的规范。对于教龄3—10年的教师,把他们划入熟手范畴,培养重点是提高"技能",使他们能在熟悉规范的基础上,掌握教学技能,担负好教学职责,并努力形成一套符合教师道德规范、符合教育教学规律、行之有效的个性化的教育教学行为准则,彰显教育教学个性。针对教龄10—15年的教师,可以将其划入能手级教师的行列。他们中的多数已成为教学的骨干,如师德标兵、教坛新秀、学科带头人或某方面有特长,能够独当一面。在对这些教师进行培养的过程中,重点是要让他们学会反思,使他们能在反思中探究规律,在反思中释放潜能,在反思中精益求精,在反思中获得成长。对于教龄15年及以上的教师,他们中的一部分已经成为专家型教师,如省级教坛新秀、学科带头人、国家级名师、特级教师等。对他们的培养,重点应该定位在"研究"层次上,鼓励他们在某一领域、某一学科、某一方面、某一重难点上做深入的研究,争取有新的突破,如形成自己的学术观点,为整个教育做贡献,为学校的学科权威建设树立标杆,从而提高学校的品位和知名度。

3. 按实际才能适用

做好了教师分类,再分类开展教师培养和培训工作。学校的教师教育尽管做到了齐步走,但不能保证齐步长,教师的能力、水平依然会存在差异。因而,能否科学又艺术地使用好教师团队,也是考验校长重点工作能力的一个重要指标。以能力和水平来划分,目前教师总体上可以分为三类:第一种是教学能力强的教师,即通常说的骨干教师;第二种是教学能力处于中等的教师;第三种是教学能力比较差的教师,即暂时没有能力承担教学任务的教师。对这三类教师,理论上的优胜劣汰的做法在现实中是行不通的,最明智的做法是对待不同的教师采取不同态度。如对教学能力强的教师,要允许他们平时耍点小脾气,能容忍他们的小缺点,并能耐心听取他们的一些建议，并积极采纳他们的部分建议。因为这类教师都比较有个性，给他们提供一个发泄情绪的空间很有必要。满足了这些教师的"虚荣心"，他们工作起来才会更有干劲。而对教学能力中等的教师要软硬兼施，要加大监管力度，因为这些相对缺乏教学技能的教师，只能靠勤奋来保证质量，所以一定要采取措施，防止他们因放松了对自己的要求而影响教学质量。对于这批教师，校长一定要敢于"得罪"他们，从严要求。剩下的自然是一些没有能力承担教学任务的教师，但这绝不是一个可以小瞧、可以任意摆布的群体。因为他们中有的是"关系户"，有的曾经有光荣史。处理不当，容易导致矛盾激化。所以对于这部分教师，校长的工作一定要做得比较"细致"，想得比较"周到"，多给他们安排一些"照顾性"的工作。上述管理模式正好解释了一句管理名言："有能力的——让他干；没能力的——教他干；做不来的——管理他。"

民族振兴靠教育，教育振兴在教师，学校重点工作也是校长工作的重点。学校管理离不开创新。所谓创新，就是抛开旧的，通俗地说，就是"反叛"。学校管理方式随着社会的发展、教育的进步也在不断发生变化，只有创新才能适应。

三、常规工作要有亮点

做好学校常规工作是学校正常运作的前提和基础，一旦学校常规工作得不到落实，学校管理必然乱套，学校的进步与发展也就无从谈起。学校常规工作主要由学校中层及以下岗位承担。校长要"大权独揽，小权分散"，就是说，校长要善于抓大放小，突出重大、重点工作。有些校长，一天到晚喊忙、喊累，东奔西走，一点喘息的机会都没有，一个很重要的原因就是没有学会放权，眉毛胡子一把抓，工作没有重点，事必躬亲，坐着校长的位子，却一直干着中层的事情。仔细分析，凡是亲力亲为的校长，一是对下属不信任，怕他们做不好，二是对自己没信心，怕下属不听指挥，而忘记了校长的工作主要是"用脑"，而不是"动手"。校长该怎样摆正自己的位置呢？

1. 中层例会制

一周或两周一次的中层例会，绝大多数学校都会按时召开。例会该安排什么内容，发挥什么作用？我认为，中层例会应重点安排三项内容：一是各部门简要汇报上一周或两周所做的常规工作，有哪些收获以及存在哪些不足；二是下一步要做哪些常规工作，准备怎么做，预期的结果是什么；三是下一阶段常规工作的重点是什么，由哪个科室牵头，其他科室如何配合，由哪个科室制定活动方案。中层例会校长要尽量参加，不能参加的，要委托代理人参加或会后进行补充，例会上要多听中层干部的意见和建议，尊重中层的意见和做法。学校的重大工作和重要工作部署要尽量放到教职工大会上说明并表决，尽量不占用中层例会的时间。

2. 方案审批制

这主要是针对学校比较重大的活动，如学校的重大节日——读书节、科技节、体育节、艺术节等。有些学校每月开展一次重大的活动，多数学校把这些活动作为学校特色建设的成果及对外展示和宣传的重要载体，十分重视。要把每次活动做好，活动准备时间就会比较长，涉及人员就多，甚至需要社会力量、家长等的配合，还需要经费保障，对精力、场地、设施设备要求都比较高。这些活动的效果直接关系到学校的对外形象，必须慎之又慎。前期方案的制定至关重要，校长的主要职责在于严格审查活动方案。活动方案要集合理性、可行性、创新性、安全性于一体。方案通过后，应该放手让学校中层及其他人员去具体实施，让中层当主角，校长尽量不露头、不出面、不讲话，只需认真观察活动过程，发现问题及时提醒即可。

3.效果评价制

为了鼓励中层干部把活动做得更好,活动结束后,要针对本次活动召开总结会,广泛听取学生、家长、教师、社会各界对活动的评价,尤其要认真对待大家提出的意见。在广泛征求意见的基础上召开中层干部大会,对活动方案、活动组织、活动环节、活动效果、存在的不足、改进的建议等进行全面总结、评价与反思,并要主动学习兄弟学校同类活动的先进经验,为下次同类活动的组织做好铺垫。只有集思广益,才能找到更好的方法、更好的途径,取得更好的成绩。

如某老城区小学有一千多名学生,但操场跑道不足一百五十米。面对教育局统一要求所有学校安排每天不少于四十分钟的跑操活动,怎么办?一开始,学校体育组把一二年级学生安排在教学楼走廊里和有限的空地上跑操,把三到六年级安排在学校操场上统一跑操。一二年级因场地小,教师组织学生难度大。三到六年级在同一操场上,因年龄差距大,不是高年级跑得太快就是低年级跑得太慢,很不整齐,体育教师也很无奈。面对体育老师埋怨操场太小,班主任埋怨学生太多,学校中层埋怨教育局统一要求太高,教师不满意而叹惜的现实情况,校长提醒大家"办法总比困难多",开始面向全校征集学校跑操"金点子"。有一位教师的"金点子"被采纳,并取得了很好的效果,即在学校操场上画间隔三米的24条直线,24个班级在班主任带领下绕着指定的那条直线跑。这不仅解决了场地不足的问题,也解决了不同年龄的学生在操场一起跑有快有慢的问题。

常规工作要有亮点,亮点在于解决问题。亮点要简洁、明快、有效。谁都希望自己的学校越来越好,但思路不清则会适得其反。校长在管理中,如果能做到重大工作有突破、重点工作有创新、常规工作有亮点,肯定能促进学校持续、有效发展。

(发表于《校长参考》2019年第3期)

学校管理三个层级的三类关键角色

【摘要】以人为本的学校管理要求增加了学校管理的难度和复杂程度,为此理清学校管理不同层级的责任和关键角色在学习管理中起着至关重要的作用。校长重在格局,中层重在执行,教师重在责任。

【关键词】学校管理 关键角色 格局 执行 责任

学校管理是一项复杂的系统工程,要想使管理内部配合取得"1+x>1+x"的效果,不仅要遵循"科学+艺术"管理的普遍规律,更要从学校管理以人为核心的特殊性出发,处理好管理的普遍性和学校的特殊性之间的关系,探究学校管理的内在规律,从而为实现教育理想夯实基础。在学校管理中,理清学校管理各层级职责,并发挥好各层级管理者的作用至关重要。

一、校长重在格局

校长应该是拥有崇高的教育理想、扎实的学术功底、丰富的管理经验和坚定的人文关怀的领头雁,是学校的精神支柱和学校持续发展的灵魂,所以在某种意义上说一位好校长就是一所好学校。校长在学校中的核心地位应该是不容动摇的,那么需要哪些条件来支撑校长的核心地位呢?校长角色的关键是格局。什么是格局,就是一个人看问题的高度,分析问题的深度,以及解决问题的法度。

（一）全面的视角。首先，要有开阔的视野。不仅了解国内外教育教学发展的历史，还要了解国内外学校教育教学发展的现状及其未来，这是全面视角的基础。其次，要有自我的判断。仅有开阔的视野显然还是不够的，还要有自我判断能力，不要被国内外形式各异的办学特色和管理模式迷住眼，要能从千差万别的形态中汲取营养，为我所用，壮大自我。最后，要有整合的思考。开阔的视野既要看到面，也要善于发现闪光点，并能做好点与面的整合，从而锻炼自身的思维。

（二）透彻的分析。透彻分析问题是为了触及问题的本质。首先，要做全面、细致的调查研究，掌握一手材料，防止道听途说，偏听偏信，或从经验出发而蒙住了眼。同类问题的诱因和产生的时段是不同的，道听途说也好，偏听偏信也罢，或者从经验出发，犯同样的错误都是因为缺乏对问题全面了解的意识。其次，要对问题的联系作系统分析，问题的发生并不是孤立的，与其他事物存在千丝万缕的联系。简单问题还好说，复杂问题背后往往是复杂的联系，尤其是那些隐蔽的联系往往是矛盾的诱因。不透彻的分析很难抓住矛盾的本质，更不用说采取有效的解决办法。如学生的学习成绩突然下滑，往往就有比较复杂的诱因。最后，要采取科学的归因机制，如除了要对问题做全面了解，透彻分析而厘清事物之间的联系之外，还要科学归因，才能找出解决问题的关键，但往往仅凭校长个人的经验和能力是不够的，要从需要出发，聘请相关人员，如心理医生、法律顾问、疾病预防部门专业人员等。

（三）深度的思虑。分析问题是为了更好地解决问题，分析问题需要深思熟虑。一是分析问题后的推断和预见，甚至有必要通过现代技术做模拟推断。二是拟定周密的行动计划，到岗、到位、到时、到点，明确岗位职责，有必要时还需要事前演练。三是先人后事做好人员调配。不同的岗位需要相应的人员来承担,选人用人要准。否则,预测再到位,考虑再周到,计划再周密也会功亏一篑。千万不能因情绪低落或内心焦虑而粗暴决断。

提升格局是校长的必备素养,否则就难以胜任。提升格局的核心是转变思维方式,如果思维方式不转变,格局提升就是一句空话。格局不同,看待问题的思路、态度就决然不同。如今年发生的覆盖全球的新冠肺炎疫情,给学校、家庭和个人带来了全方位的压力。面对疫情带来的负担和压力,格局大的校长不辞辛劳地全身心投入,从实际出发,想方设法做好工作,做到万无一失;而格局小的校长却满腹牢骚,认为防御工作小题大做,劳民伤财,能应付则应付。

二、中层关键在执行

校长的最主要职责是对学校长远发展做战略部署,对学校近期管理做出决策。而学校中层是战略部署的积极推动者和学校管理决策的执行者。学校中层要努力把学校发展战略转化为学校发展战术,把学校管理决策转化为行动。学校中层就相当于战场上的一线指挥官,既是指挥员也是战斗员,要在深刻领会战略意图的前提下组织具体作战,遇到危机还要率先垂范、鼓舞士气、战胜困难,确保战斗的胜利。

(一)责任担当。责任担当,不仅是明确责任,更是主观能动性的发挥。面对能把控和不能把控的情况,都要灵活有效地采取相应措施,尽量确保执行到位。其实,执行力在管理中永远是个重要变量,不但因人而异,而且因时而变,不同的管理者在执行同一件事情时会得出不同的结果。学校管理是人的管理,要从人性出发,从人的个性化出发,更要学会与不同对象沟通。学校教育要培养中国特色社会主义的建设者和接班人,没有强有力的责任担当和规范的管理行为是难以胜任的。

（二）协作同进。学校管理是一个有机整体，管理责任分工是人为的，是为了便于操作而提高管理的效率。学校管理需要分工不分家，否则就是一种内耗。中层一定要树立协作共进的团队管理理念，并落实到每一项管理实践中。管理失败往往是独断专行、不善协调的结果。中层首先要做到主动寻求合作，步调一致，其次要换位思考，设身处地为对方考虑，并共同承担责任。

（三）评估推进。执行是一种主动行为，执行中受牵制受影响是必然的，需要设法自我排解。评估有利于劲往一处使，少走弯路。评估内容包括管理方案的谋划、管理过程的把控、管理结论的总结等。评估类型有预测分析评估、管理实施评估、管理效益评估等。管理过程的评估，具有监督功能，能在很大程度上减少失误。学校管理区别于企业管理，人文管理是核心，要尽力把管理失误控制在最小范围内。

宁愿要三流的战略、一流的执行，也不要三流的执行、一流的战略。从理论上看是本末倒置，而从实践上看确实更需要"一流的执行"。事实上"战略"与"执行"是相辅相成的，"一流的战略"有利于"一流执行"的实施，"一流的执行"能促进"三流战略"的修订。在学校管理中要正确处理"战略"与"执行"的关系。

三、教师关键在责任

一线教师是教师团队的主体。一线教师有任课老师，有班主任，有学科组长、年级组长、教研组长，还包括财务、后勤、保洁等学校工作人员。学校发展水平高不高，办学效益好不好，社会认可度行不行，关键要看一线教师。

（一）责任意识，是"想干事"。"想干事"要求教师树立坚定的教育教学理想，学校要为教师创设自尊、自励、自觉而乐意终身从事教育教学的氛围，使教师发自内心地"有干头"，将"想干事"的念头转化为从事教育教学工作的强大动力。俗话说："只有状元的学生，没有状元的老师。"教师要甘当学生的垫脚石，甘做学生成长的扶梯。

（二）责任能力，是"能干事"。教师不但要有高尚的师德，更要有高超的教育教学的技能和管理学生的能力，这是履行教师职责的基础。如教师要具备解读教材、设计教学、实施教学、教学评价、设计练习作业和组织检查测试和评估的教学技能。同时，还要了解学生年龄特征，掌握与学生心理有关的教育学、心理学知识。班主任还要具备管理班级、组织班级活动和处理与家长关系的能力，这是班主任"能干事"的前提。

（三）责任行为，是"真干事"。人们常说"教师吃的是良心饭"，也就是说把教师职责履行好更需要自律。确实是这样，与其他工作相比，教师具有比较大的自主空间，如一节课教什么、怎么教基本上由教师自主决定。教学设计、教学实施、教学评价没有统一标准。教学的主阵地课堂也是无法过多监控的。于是"真在干"但不一定"真干事"。教师一定要唾弃那种"真在干"而不是"真干事"的低效教学，努力而自觉地提高教育教学效率。

（四）责任制度，是"可干事"。教师在一所学校能否愉悦安心地工作，很大程度上取决于社会大环境，以及学校的工作环境和校园文化、制度。如果学校为了应付检查，为了某种需要，经常让教师承担与教育教学关系不大，甚至没有关系的工作任务，挤占教育教学的法定时间，教师自然会产生抵触与埋怨心理。再如，学校不切实际地移植其他学校或企业管理模式，缺乏人文关怀，制定过多、过细、过严的纪律制度和处罚手段，如教师的末位淘汰制，病假、事假、迟到早退的过重处罚，一律要求手写教案等，必然挫伤教师的尊严。

（五）责任成果，是"干成事"。"干成事"是从事教师工作的初心，也是"不忘初心"的动力所在。"干成事"是衡量教师业绩的基本标准。教师如果三心二意、虎头蛇尾，是"干不成事"的，自然会被淘汰。学校要为教师"干成事"创设优越的条件，为青年教师搭建平台，并给予"干成事"的相应集体和个人优厚的奖励。同时，学校还要学会包容，年轻教师的成长会有波折，要更多地关心关爱他们，并有相应的容错机制，使他们满怀信心地终身从事教育教学工作。

如果一位校长事无巨细地过问，甚至事事亲力亲为，那就是格局太小。如果一位学校中层成天揣摩校长心事，当老好人，那就是缺乏责任感。假如一位教师考虑的只是如何追求工作的闲适，那就是逃避责任。有人说："办一所名校是几代人的努力，毁掉一所名校只要一任校长；办好一所学校需要几十年的工夫，毁掉一所好学校只要半年时间。"以人为核心的学校管理，要尽量做到少犯错误，不犯大错误，绝不犯原则性错误。校长重在格局，中层重在执行，教师重在责任，这既是学校各管理层级的角色定位，更是一种管理责任的传导途径。

中小学德育四平台四内核

《国家中长期教育改革和发展规划纲要（2010—2020年）》把"育人为本,德育为先"作为一项重要的战略主题,并特别强调,要"创新德育形式,丰富德育内容,不断提高德育工作的吸引力和感染力,增强德育工作的针对性和实效性"。从2016年9月1日起,将小学和初中《品德与生活》《思想品德》教材名称统一更改为《道德与法治》。《道德与法治》共18册,其中小学12册,教材内容依据与儿童生活的联系程度,由近及远地安排了六大生活领域,同一生活领域内,按照学习难度,采用螺旋上升的编排方式;初中6册,围绕个人、家庭、学校、社会、国家、世界编排。另外,高中开设思想政治课程。

多年来人们习惯把道德和法治课与思想政治课合称为德育课程。其实,仅靠德育课标、德育课程、德育教材、德育课堂还是很难达成德育目标的。中小学德育是一门全方位课程,它不仅是一门学科课程,也是一门渗透其他学科、和学校各项工作紧密相连的全纳课程,其最终目标是使学生实现知行合一的目标。

一、中小学德育的四大平台

中小学德育除了课堂教学之外,还要努力做到有计划、有目标、有措施、有内容、有评估渠道,并设法为学校德育搭建好的平台。

1.组织阅读——自我教育

阅读不仅仅是语文学科的事,也是中小学德育的事。因为阅读是学生实现自我教育最主要的渠道。阅读不仅能使学生掌握知识，还能提升学生的认识能力和审美水平。因为做人的道德与准则、怎样为人处世、什么是真善美在好书中全都有。好书往往还把为人处世的道理渗透在生动的内容中，而不说教。阅读是对课堂教学有效的补充。阅读不仅使"秀才不出门，能知天下事"，而且使"学生不出门，能懂天下理"。可惜的是，当下中小学生主要忙于作业，很少有时间静下心来阅读。很多学校"书香校园，翰墨飘香"只是停留在口号中，学校图书室（馆）、阅读长廊往往仅仅是一种摆设。为此，学校要努力打破这一牢笼，做好学生阅读工程。首先要从学生年龄出发，安排好不同年级，甚至不同性别应读和鼓励阅读书目。其次，教师要上好阅读指导课，尽早让学生掌握好的阅读方法，提高阅读效率。最后，要给学生留出大块阅读时间，组织好学生集体阅读，同时家校联手开展好读书交流、分享、评比活动，促进学生养成良好的阅读习惯。

2. 开展活动——团队精神

时代召唤英雄，但更需要优秀的团队。没有人能依靠一己之力获得某项事业的成功，唯有依靠团队的力量，依靠他人的智慧，才能使自己立于不败之地。从小培养学生的团队精神是为将来走出校门适应社会而做前期准备。团队精神是大局意识、协作精神和服务精神的集中体现，核心是协同合作，反映的是个体利益和整体利益的统一，可保证组织的高效率运转。团队精神的培养可以从以下四个方面做出努力。一是合作。在组织活动中做好责任分工，让学生在活动中学会分工合作。二是谦让。再严密的活动还是会存在疏漏与不公，所以要引导学生体谅活动的组织者，在活动中学会谦让，在遵守规则、信守诺言基础上，为集体分忧，为他人分忧，主动担当责任。三是责任。活动要成功除了靠有效合作，还要人人尽力。个个尽心就是责任心的具体表现。要克服"出勤不出力"等逃避责任的不健康心理。四是投入。投入是一种积极的心态,没有积极心态是很难组织好活动的。当下,学生很容易沉湎于网络,两耳不闻窗外事,与人少接触、不交流,不积极投入集体活动。

3.才艺表演——心智发展

学校要努力为学生提供才艺表演时机,为学生才艺表演搭建平台,如多数学校每学期都会组织科技节、读书节、艺术节、体育节等系列活动。在活动中一定要尽力做到"班班活动,人人有节目,个个都参与",而不是把活动变成少数优等生、特长生展示的舞台,要让每位学生都有亮相、展示的机会。因为才艺表演是在众人面前展示自己最闪亮的一面,在上台亮相的准备和展示过程中需要克服多方面的心理障碍,如胆怯、害羞等,所以才艺表演是锻炼学生心智、发展学生心智的有效渠道。"台上一分钟,台下十年功。"这里的"功"就包括心智的成长过程。才艺表演还能帮学生提升自我认识,发掘自身潜质,从而让学生从小就树立崇高理想,并为理想、目标做出不懈的努力。

4.行为训练——规范意识

德育是一门内化于心、外化于行的课程。内化于心,不是听懂了就能内化的,外化于行也不是光有觉悟就能解决问题的。这是一个认知与行为不断互动而深化的过程,离不开长期的行为规范训练,最后要做到知行合一。很多情况下,学生明明知道某些行为是违规违纪的,但就是控制不了自己。所以,在学校德育工作中,要强化行为规范训练,制定好行为公约。尤其是对小学生要少讲道理,不讲深刻的道理,而要教学生怎么做,如制定学生一日常规、课堂常规、集会常规、活动常规等,并常抓不懈。行为规范是教育教学的重要内容,学校德育要从规范入手。

二、中小学德育的四个内核

学校德育除了畅通渠道、搭建平台外,还要从学生成长和社会需要出发,塑造学生的灵魂,帮学生培养积极向上的人生观、价值观和世界观,也就是确定好中小学德育的内核。

1.爱心——本性

"人之初,性本善。"爱心是人的天性。爱心培养要从具体的小事做起,如爱长辈、爱兄妹、爱一草一木等。但爱心教育不能满足于保持天性,因为天性的爱心是脆弱的,是很容易被外界因素和诱惑击垮的。爱心的核心是奉献。学校德育要注重培养学生的奉献精神。爱不是索取,而是要通过奉献来体现。要让学生自觉地愿意为他人、社会、科学、事业、家庭做出奉献。奉献还需要有克服困难、战胜困难的勇气和能力。"爱你不容易",要为奉献而努力而奋斗,这才是爱心的真谛。

2.正义——原则

正义的本义是公正的、正当的道理,引申为对政治、法律、道德等领域中的是非、善恶做出的肯定判断。作为道德范畴,正义与"公正"同义,主要指符合一定社会道德规范的行为。正义很多时候表现为对事物和行为做出的是非判断以及所采取的相应行动。正义感需要呵护和培养双管齐下,如果不注重从小培养,连天生的正义感也会消失殆尽。笔者清楚记得,有一次我与13岁的女儿外出散步,正好遇到警察在查酒驾,忽然一辆被拦车上跳下一位妇女,猛地扇了一名警察一耳光,想掩护酒后驾车的丈夫趁乱逃窜。我女儿看到了这一幕,她拼命想挣脱被我拉住的小手,要冲上去与那位妇女拼。当时我就被女儿的正义感深深感动了,后来我还表扬了她。但正义不是冲动和莽撞,正义要以维护道德和法治为前提,打抱不平、爱憎分明、维护尊严等正义行为要以不违反道德、法律为前提。

3.分享——境界

分享,是指与他人分着享受、使用、行使。分享包括共享,共享可以是精神上的,也可以是物质上的。一是互助行为。首先要培养学生树立助人为乐的思想,当别人遇到困难时要主动伸出援助之手,急人所急,使助人为乐成为学校的主旋律,形成我为人人、人人为我的风气。二是物质共享。有好吃的好用的要学会与人分享。比如,家长出差买回来点心、水果等不能一人独享,要教育孩子学会孔融让梨,从小学会孝敬长辈,学会与家人和他人共享。三是成果分享。当自己取得某项成果或遇到某件高兴的事时,不能秘而不宣、孤芳自赏,而应该第一时间把喜事告诉家人,告诉老师、同学,让更多的人分享你的成果、你的荣耀、你的喜悦。有的孩子青春期叛逆很严重,有的甚至发展到与父母势不两立,这背后有一个很重要的原因就是没有让孩子养成乐于交流、乐于分享的良好习惯,叛逆严重的孩子往往不与父母和他人交流,闷在心里。分享是奉献的另一种表现形式,分享不仅有物质层面的,还包括信息、精神层面的分享。

4. 真诚——方法

真诚,是指真心实意,坦诚相待,而最终获得他人的信任。以诚做事则无事不克,以诚立业则无业不兴,以诚交友则无友不交。真诚能够使我们广结善缘,立于不败之地,能够帮我们缔造幸福美满的人生。真诚是爱心、正义、分享的底色,一旦离开真诚它们也就无从谈起。所以学校也要建立诚信机制,做到诚信制度全覆盖,制定学生失信记录制度和消除失信记录的条件与要求,并确立诚信负面清单,创建学校诚信环境,使学生一入校园就感受到诚信的良好氛围,使学生得到熏陶、感染。另外,要与家庭共建学生诚信盟约。人只有真诚、诚信了,才能无后顾之忧。

中小学德育是一个外在(平台、行为)与内核不断互动的过程。只有做到外在与内核步调一致、和谐共进,才能真正实现学生的知行合一。

学校特色与文化建设

中小学育人文化建设的维度、要素和途径

学校文化就是学校中大多数人的共同价值观和行为模式,是学校风范和学校精神。如果说制度是对员工的外在约束,那么,文化则是对员工的内在约束,其力量与作用往往要大于具有强制性的制度,其制约范围也要大于制度。未来学校的竞争,归根结底就是学校文化的竞争。学校文化是学校的核心竞争力之一。学校文化不是做给人看的,而重在解决学校存在的问题。校长是学校文化的建设者、领导者。校长要做学校文化的"传教士",要经常向员工灌输学校文化,使员工认同,发挥学校文化对学校发展的保护和推动作用。

一、学校文化建设的四个维度

学校文化虽不是具体的实物,但绝非不可知之物。首先,学校文化的主体是生活在学校中的所有成员。其次,学校文化既反映在学校成员的价值观念之内,又体现在学校成员的行为之中,还蕴含于学校的各种规章制度乃至物质环境之中。最后,学校文化的灵魂是学校成员所认可的、会自觉去维护或贯彻的原则、理念。学校文化建设要从四个维度推进。

1. 办学理念的价值认同

学校文化中的价值观念是形成学校物质符号、规章制度的基础,是学校成员在长期工作学习的氛围中经过"心理积淀"深度内化

的思想,也是学校文化最核心的部分。价值认同反映学校成员共同的价值追求,是实现学校办学愿景的行为准则,其具体体现为师生对学校办学理念的认可、对学校活动的积极参与以及对学校历史的沿袭和传承等。因此,我们可以通过检测学校成员对学校办学理念的认同程度、参与学校事务的积极程度以及对校史的了解程度来透视学校文化的现状,从而了解学校文化最深层的状态。

2.组织文化的环境创设

学校是一个育人的组织,其一切工作都围绕学生的健康成长展开。学校氛围应该是和谐、积极向上的。就学校内部而言,组织氛围主要由教学和管理两部分评价:在教学中,师生之间是否平等对话,彼此信任,共同发展;在管理中,干部与群众是否齐心协力,共同提升教学质量。就学校外部而言,要看学校与家长、社区是否合作共赢,形成教育合力等。这些因素都直接或间接地影响学校能否成为一个命运共同体,能否营造健康的学校文化。这些组织关系可概括为干群关系、师生关系和内外关系,通过对其诊断可了解学校组织氛围的现状。

3.领导文化的管理创新

从某种意义上讲,学校的成功就是校长的成功。近年来,随着教育改革的深化,校长的管理理念和风格正在逐渐发生变化,如注重道德领导、分布式领导,从硬管理走向软管理,从科层化管理走向扁平化管理,从物本管理走向人本管理,从专制管理走向民主管理等。着眼于由学校的领导作风、组织架构和管理风格组成的领导管理维度,能够从中了解学校的办学追求和办学品位,从而进一步明确学校文化制度层面的现状。

4.物质文化的基础夯实

在学校文化中最直观的是学校的物质文化,其主要有三种表现形式:一是学校环境,包括学校建筑物、校园的绿化美化等;二是设备,包括教学仪器、图书资料、实验设备等;三是学校的标识,如校徽、校标、校服等,标识承载着学校的精神追求和价值理念。学校师生是物质文化的创造者和使用者,他们既在自己所处的物质环境中刻下思想的烙印,又让自己在特定的物质环境中得到陶冶和熏染。故而,我们将学校环境、教学设备、学校标志作为诊断的重点。

二、学校文化建设的五大要素

学校文化建设是管理者尤其是校长关注的热点。但是,在实践中,有不少校长反映:学校文化建设看起来很美,听起来很甜,做起来很难。可见学校文化建设落到实处并非易事。名校无不具有独特的精神气质和文化魅力,名校成长的经验给当下学校文化建设留下诸多深刻启示。学校文化建设除了校长之外,还要从以下五大要素去落实。

1.制度的正确导向

一般认为,文化具有弥漫性,文化传播是一个缓慢影响的过程。也就是说,学校文化建设需要采取渐进的方式进行。但是,对于学校文化来说,强势推进也是必不可少的,尤其是一些新建学校、薄弱学校,一开始就要认准目标和方向。学校制度本身就是强制性的力量,可对学校成员的行为进行规范、引导和约束,从而形成学校制度所期望生成的学校文化。特别是在学校文化建设的起始阶段,在反复宣传教育的同时,还需要一系列的规章制度加以约束和规范。这种强制力量也是形成群体规范的重要条件。在学校文化内化的过程中,规章制度是一种基本力量。具有优良文化传统的名校无不得益于其独特的制度设计。南开学校(以下简称"南开")一贯以校风良好著称。梁启超先生曾说:"贵校校风之佳,不仅国内周知,即外人来参观者,亦莫不称许。"校风不可能自然而然形成,它一开始需要强有力的规章制度和组织纪律作保证。早在民国初年,南开就形成了一套完整的校纪校规,各项规章制度明确具体,详细规定了学生该做什么,不该做什么。南开的学生大多来自全国各地,家庭都比较富裕,当时学生的花费很大,一个学生的花费比一个教员全年薪资还要多。为了使学生养成节俭的习惯,学校实行开支记账制度。新生一入学学校会计就到每个宿舍教学生们记账的方法,并且之后每月都到各学生宿舍核对每人的账本。到期末,学生把一个学期的花费结算好,填入一张表格,学校连同学生期末考试成绩单一起寄给学生家长。这种制度对帮助从外来津的少年学生学会自己管理生活起到很好的作用。又如,英国的伊顿公学以校友的团队精神和同学之间情同手足而闻名,这也与学校实行"大房子"制度有关。这项制度规定,学生一进校门,每50位同学就和一位德高望重的被称为"宿舍长"的教师全家生活在一起,组成新的家庭,共同学习和生活。这样,师生之间和学生之间的交往十分密切,容易形成强烈的团队意识和深厚的情谊。

2.课程的有效实现

学校的办学理念主要是靠课程来实现的。课程集中体现了教育思想和教育理念,是实现培养目标的蓝图。从某种意义上说,课程体系决定培养出什么样的人才。因此,课程是学校文化建设的抓手。南开"公"("公"者,爱国爱群之公德)"能"("能"者,服务社会之能力)办学理念是通过课程实现的。灌输爱国思想是南开五大方针之一;开设校本课程进行爱国主义教育是南开教育的一大特色。1927年至1928年,张伯苓校长为了警醒国人,在校内组织"东北研究会",先后两次率领师生亲赴东北三省考察东北的自然资源、经济、人文、地理等方面情况,积累了丰富的资料,发表了许多调查报告,编著了一部《东北地理》，并在南开开班授课。这门课程是南开开展爱国主义教育的一大平台，也是促进学生了解社会、增强反帝爱国情感的重要途径。南开对此很重视，每学期都要有组织、有计划进行。20世纪20年代中期，南开曾专门开设"社会观察"课程。

南开教育的特点是既要学得好，又要玩得好；既会学习，又会办事。一句话，南开的教育是"活的教育"，是真正意义上的素质教育。为此，南开中学注重课堂与活动相结合，除了以严格扎实的课堂教育享誉海内外，在开展"课外活动"方面也颇具特色。学校有一条特殊的规定：每天下午3点半是课外活动时间，学生不得留在教室。课外活动丰富多彩，学生社团非常活跃。除多种体育活动外，话剧、京剧、歌咏、摄影、航模、绘画、时事等社团，学生们均可自由参加。在南开，学生大约三分之二的时间用于课堂学习，三分之一的时间用于课外活动。课外活动开发了学生的潜能，增长了学生的才干，培养了他们的团队意识、服务精神和组织协调能力。周恩来总理在南开读书时就是课外活动的积极分子，也提升了办事本领。

3. 名师的行为示范

名师是学校价值观的践行者，对内是榜样，对外代表学校形象。名校与名师息息相关，名校哺育名师，名师衬托名校。在20世纪20—30年代，中国教育界有"北有南开，南有春晖"之说。当时，春晖中学这么一所私立的农村中学竟吸引了诸如夏丏尊、朱自清、丰子恺等一批大师，成为一道独特的教育文化景观。在春晖中学，夏丏尊实践"爱的教育"，丰子恺探索"美的教育"，朱自清则呼唤"有信仰的教育"。

南开学校也有一批高水平的教师。在重庆南开中学，一位同学的作文开头一句是："远远的东方，太阳正在升起。"国文课的陶光老师在课堂讲评时在"的"字后面加了个逗号，变成"远远的，东方，太阳正在升起。"这一逗号真了不起,把整个情景都变活了。古人有所谓"一字师",就是这样的。1927年,苏州中学(以下简称"苏中")组建后,国文、英文、自然和社会四学科均设立了首席教员,首席教员负责各学科研究会工作。在名师的引导下,苏中教师学术研究蔚然成风,使得苏中成为一所名副其实的学术化学校。凭借学术研究,苏中教学水平和质量不断提升,学校因此声名鹊起。

同样,当时的北京师范大学附属中学也是名师云集。他们学识渊博,教艺精湛,深受学生欢迎。教师们个个兢兢业业,追求学问,永不自满。数学教育家赵慈庚回忆道:"记得1940年2月7日是阴岁除日。各班留校学生都有除夕同乐会。应邀前往的教师会后回卧室照常读书。夜里十二点以后,我走出屋门,冷静一下热胀的头脑。恰好贾晰光捧着一个茶杯也出来了。他走到我身旁,轻声地说:'你看这大年三十儿夜里,城固县的人都睡了,唯有我们这十间静悄悄的草房,窗明灯亮。'我再前走几步,向东望望,图书房两侧四间小房的灯都亮着,这就是当年附中教员的本色。"我想,这段回忆既是名师精神状态的生动写照,也是一所名校的再现。

4.仪典的充分激励

仪式和典礼是学校文化的载体。仪式和典礼是有助于文化发展的象征性活动,它们为学校日常运作赋予更深层次的意义和价值,使学校充满生机和活力。仪式和典礼对学校文化来说,就像剧本之于电影、乐谱之于音乐一样。仪式和典礼让我们能够获得其他方式无法获得的感受和理解。仪式和典礼可以让参与者在一种特殊的氛围中,体味其背后的文化理念,对参与者产生积极的、潜移默化的影响。南开创建之时,日本侵犯东北,校内的大钟每天先敲九下,停后再敲一下,再停再敲八下,用九、一、八节奏的钟声,每天撞击师生的心灵。

苏霍姆林斯基领导的帕什雷夫中学，注重不断发展和加强学生之间的友谊。学校每年要举办两个铃声节。开学第一天是为一年级新生举办首次铃声节。铃响后，毕业班学生向新生赠书赠言，把自己上学第一天栽种的树木移交给新生照管，并与新生同栽友谊树。学期结束的一天为毕业班举行最后的铃声节。铃响后，一年级学生给毕业生送鲜花和赠书赠言，学生们在赠书上用大个儿字母题写感人祝愿，以象征学校集体永世长存。

哈佛大学的毕业典礼精心设计，别具一格。学生代表的致词采用拉丁文而不是英文，当学生代表用流利的但一般人听不懂的语言演讲时，人们对学术的敬仰之情油然而生。根据哈佛的传统，正对主席台的所谓最好的座位，不是留给政要、各界头面人物的，而是留给即将获得学位的学生的，这真正体现了以生为本。哈佛还有一个约定俗成的规矩，就是学位获得者如果已经有了儿女，那么无论他们几岁，都可以把他们带上台，一起领取学位证书，从小就接受哈佛的熏陶。哈佛这一独特的设计将生命的延续与文化的传承融合，将学习与生活融为一体。

目前，我国越来越重视仪式和典礼，如近期通过的《全国人民代表大会常务委员会关于实行宪法宣誓制度的决定》《国务院及其各部门任命国家工作人员宪法宣誓组织办法》以及其他的仪式、纪念活动等。

5.校长的垂范榜样

校长是学校文化的塑造者。校长的主要任务就是巩固基本规范、价值观和信念，支持学校完成核心使命和任务。校长的一言一行、一举一动，都能够传达重要的信息，对师生产生很大影响。因此，校长的言传身教对学校文化的传承至关重要。校长应是学校的精神领袖和道德楷模。张伯苓校长视南开为生命，献身教育事业，体现了对教育理想的不懈追求,表现出崇高的精神境界。张伯苓说过,教育是他青年的志愿、中年的生命、老年的安慰。张伯苓之所以献身教育事业,与他坚定的教育信仰有关。张伯苓不把办学作为升官的阶梯。他与南开教父严范孙约定"终身办教育,不做官"。当局聘他为教育总长及天津市市长时,因志在教育,不在政治,他均力辞不就。张伯苓也不把办学作为致富门径。他坚决反对教育商业化,认为办学不能赚钱,更不能赚混账钱,要使学校成为世界上最干净的地方。张校长说:"教育工作是艰苦的,不会发财,要有一辈子甘于清贫的思想准备。"他一生刚正廉洁,坚持操守。他主持南开长达半个世纪,为南开募捐数以千万计,而且大多是私人捐款,若要留部分入私囊,别人根本不知道,更不会过问,但他不肯也不屑这样做,而是分文不差地将资金存入南开的账户。他去世时,留下的全部遗产只是七元六角和两张过期的戏票。

张伯苓校长常说:"正人者,必先正己。要教育学生,必先教育自己。"他严格要求自己,以身作则,自律甚严,深受师生爱戴。许多人在回忆张校长时都谈到两件小事:一是他不许学生抽烟,但自己却抽旱烟,当学生指出时,他将烟杆一折两半,从此不再吸烟。二是他年轻时留着胡子,为了给学生做表率,他留的胡子越来越少,最后干脆全部剃掉了。

无独有偶,蔡元培先生被誉为"学界泰斗,人世楷模",其高风亮节为社会所景仰。他在担任北京大学校长期间,倡导组织各种修身养性的协会。其中有一个很有趣的协会,是蔡先生发起并任会长的进德会。该会规定会员要做到"八戒",即戒嫖、戒赌、戒纳妾(此"三戒"为初等)、戒做官、戒做议员(做到前"五戒"者为中等)、戒烟、戒酒、戒食肉("八戒"全做到者为高等)。

6.环境的陶冶

优美的环境可以陶冶学生的性情,使他们形成良好的品格。张伯苓认为:"青年学生日处此安定秩序、优美环境中,自必潜心默修,敦品励学,养成一种笃实好学之良好校风。"在重庆南开中学,端庄的"范孙楼"、肃穆的"芝琴馆"、雍容的"午晴堂"、幽雅的"忠恕图书馆"、广阔的体育场、美丽的"莫愁湖"等深深地印在学生脑海里。在这里,春天鲜花盛开,夏天佳木葱郁,秋天风霜高洁,冬天梅树独俏,它们让学生铭记在心。一个文化气息很浓的学校环境可以让学生随时随地感受到文化,耳濡目染,不知不觉地接受文化熏陶。在重庆南开中学,隔着大操场就可以看到对面用兰草种的校训"允公允能,日新月异"八个大字,从左到右足足约100米,给学生留下深刻印象。在学校教学楼入口处竖立大的穿衣镜,横额镌有"容止格言"几个大字,两边书写:"面必净,发必理,衣必整,纽必结;头容正,肩容平,胸容宽,背容直;气象:勿傲,勿暴,勿怠;颜色:宜和,宜静,宜庄。"它对学生的仪态、形象、气质、风度均提出了具体要求。这面镜子和四十字的"容止格言",对南开学生确实起到了无声胜有声的教育作用。

三、学校文化建设的三大途径

文化是学校区别于其他社会组织的关键,文化属性是学校的永恒特征。学校内在不可替代的教育力量就是其文化的影响力。文化育人是最高层次的育人。著名教育家杜威指出:"教育的目的在于文化的陶冶,在于人格的发展。"他希望"看到学校所施加于它的成员的影响将更为生动,更为持久,含有更多的文化意义"。2013年教育部颁布的《义务教育学校校长专业标准(试行)》提出了校长的六项专业职责,其中之一即"营造育人文化"。文化育人既反映了立德树人的要求,也体现了文化的内在意蕴,更是深化学校文化建设的需要。以下从隐性因素的显性教育、文化理念的实践引领和有效载的教育渗透三个方面进行深入探讨,为中小学文化育人寻找有效途径。

1.隐性因素的显性教育

校园是学生学习和生活的重要场所,校园环境是重要的隐性课堂,蕴涵着丰富的教育资源。为培养和谐发展的人,学校应该从教育着眼,有意识地挖掘校园隐性因素的显性教育作用,积极主动地创建有利于学生身心发展的校园环境,并赋予其丰富的文化内涵。学生浸润其中,必定会受到熏陶和教育。

一是建设绿色校园。校长应该重视学校绿化,加大绿化面积,使校园绿树成荫、花草遍地。学生置身其中,必将心旷神怡、精神焕发,提升学习兴趣,提高学习效率。同时,学校还应该注重花草树木的合理搭配,创造富有生气的美景,让学生得到美的享受。

二是塑造人文校园。校园绿化、美化做得再精致,充其量像个公园。学校要努力建设人文校园,精心设计富有教育性的物质环境,赋予一草一木、一石一碑文化内涵,让每一面墙壁都说话,每一寸土地都育人。学校的物质环境是对学生精神世界施加影响的重要手段。同时,要赋予校园内的树木人格象征,如松柏的精神,竹子的风格,枫树有君子之风,荷花出淤泥而不染。此外,还应该倡导学生积极参与学校环境建设,如参与植树种草美化环境的劳动,认领、认养树和草等。

三是创建书香校园。学校本应散发书的芳香,弥漫着浓郁的读书气息。苏霍姆林斯基曾经说过:"无限相信书籍的教育力量,是我的教育信仰的真谛之一。""一种热爱读书、尊重书、崇拜书的气氛,乃是学校和教育工作者的实质所在。"要鼓励学生多读书、读好书,与经典相伴,与大师为伍,使学生拥有丰富的内心、进取的精神和高贵的灵魂。要给予学生比较充足的阅读时间,让图书馆成为学校最吸引人的地方。

2.文化理念的实践引领

文化理念虽然很抽象,但学校文化一旦形成,往往会在学校的氛围中自然流露。而文化符号,如校训、校徽、校歌等,则是文化理念的表现形式。因此,学校氛围和文化符号是文化理念的重要载体。在教育实践中,学校应该通过良好风气的营造和文化符号的使用,使学生真正把文化理念内化于心、外化于行。

一是营造良好风气。学校应该加强校风、教风和学风的建设,使之成为一种无形的巨大力量,驱使学生积极向上,引导他们求真、向善和臻美。

校风是一个学校的风气。"风",指风气、风尚。校风是一所学校所特有的占主导地位的行为习惯和群体风尚,体现为一种独特的环境,它稳定且具有导向性。在一所学校里,校风的力量最大,影响也最广。学校教育理念主要通过课堂教学予以落实,课堂教学是文化育人的主渠道。因此,营造良好校风的关键是营造良好的教风和学风。教风、学风是学校在精神、态度、方法等方面的传统和风格。

教师是良好教风的塑造者和维护者。教风是教师的风范,是教师德与才的统一。教师应以人格魅力和学术魅力来教育感染学生。教师应自觉地钻研业务,对所教学科精益求精。只有对学科炉火纯青,教师才能做到深入浅出。教师不仅要传授知识,还要传授思想观点、思维方法,这些是能让学生终身受益的东西,它们比知识更重要。教师不仅是教学工作者,也是教育工作者。教师在教学中应自觉渗透情感、态度和价值观,它们潜移默化、润物无声,但对学生的影响很大。教师还应注重教学方法和教学艺术,化复杂为简单,化抽象为形象,化枯燥为生动,这样,听课将成为一种享受,学生会为之陶醉。

倡导好的学风,应该让学生真正成为学习的主人,而不是被动接收知识的容器。学校要设法激发学生学习的内驱力,如浓厚的兴趣、强烈的好奇心等,要把求知欲这种"精神火药"装入学生的心灵,使学生把追求知识作为一种享受,把作业当作礼物,让考试不再成为负担。好的学风不仅倡导勤奋好学,也鼓励慎思明辨。正如爱因斯坦所强调的:"发展独立思考和独立判断的一般能力,应当始终放在首位,而不应当把获得专业知识放在首位。"学校应鼓励学生发问、质疑和批判,并帮助他们将其内化为一种基本能力和素养。

二是使用文化符号。校训、校徽和校歌是学校基本的文化符号,是学校办学理念、人文精神等的集中体现。学校应该设计体现学校特点和教育理念的校训、校徽和校歌等,并使人人熟记校训、认识校徽、会唱校歌,领悟其精神实质。内涵深刻的校训、寓意丰富的校徽和韵味无穷的校歌能激励学生奋发向上,使他们产生巨大的精神力量。

校训是学校规定的符合本校办学宗旨、对师生有指导意义的词语,它是学校理念价值的高度凝练,是一所学校的"育人之纲"和"精神之气"。校训是学校育人的独特方式和手段,学校应该将校训教育落实到学校工作的全方位、教育的全过程,把校训精神日常化、具体化、形象化,在落小、落细、落实上下功夫,要与考核挂钩。学校应将校训精神细化为具体的品行和能力等方面的要求,落实于学生的学习生活之中,并与学生的素质考核体系挂钩,采取自评、互评、班主任评等多种形式进行综合评价。

校徽是根据办学理念和学校精神等,通过巧妙构思和设计,将图形、色彩和文字组合在一起而形成的一种具有特定含义的图形。校徽是学校形象的标志,是学校灵魂的表征。校徽包含"象"和"意"两个方面,"象"即校徽外在的图形,"意"即校徽的内涵。校徽设计应使校徽的内涵之"意"和外在之"象"有机统一。

校歌是学校文化的独特表现形式,常常是一所学校对内的号召和激励,对外的展示和宣言。校歌歌词一般既形象地概括了学校的地理、人文环境特色,又蕴涵本校所坚持的教育思想、办学方针等。学校应该要求在一些重要场合,如开学典礼、毕业典礼等,齐唱校歌,这种时候校歌会撞击学生的心灵,激起情感共鸣,自然会起到不可言喻的教育效果。

3.有效载体的教育渗透

仪典、故事和榜样蕴含丰富的文化内涵,形式生动活泼,是传播学校文化的三种有效载体。在学校教育中,学校应该注重发挥仪典、故事和榜样的渗透作用,让学生在不知不觉中受到熏染和影响。

一是精心设计学校仪典。任何学校仪式和典礼都是有目的的,为学校运作赋予更深层次的意义和价值,让每个学生都有机会思考什么是重要的,从而使普通的经历成为不普通的,对参与者产生积极的、正向的影响。如母亲节,营造崇拜母亲的气氛,让学生学会感恩和报答。开学典礼和毕业典礼是两个重要的仪典,其见证了学生的成长和进步,是学生学校生活的重要节点。我们应高度重视,精心设计,赋予典礼丰富的内涵,尤其应发动广大学生积极参与,反映他们的心声和诉求,让典礼成为学生的节日。例如,在毕业典礼上,借助特殊氛围,辅之以新颖的形式,使师生之情、同学之谊、对母校的感激和对父母的感恩等情感得以高度凝聚并得到释放,给学生留下刻骨铭心的终身记忆。

二是认真发掘学校故事。文化中最有生命力的内容就是故事。浅显易懂的故事揭示深刻的理念,说者娓娓道来,听者回味无穷,以故事来印证和传播文化,是一种很好的方式。生动的故事能打动人,真实的故事能说服人,只有用"学校自己的故事"来说明哲理,才能给师生留下更为深刻的印象。每个学校都会发生许多故事,这些故事激发人们的想象,温暖人们的心,也体现了学校的精神。学校应该注重发掘刻苦好学、助人为乐等方面的典型事例,并通过适当的形式和载体予以传播,用鲜活感人的故事触动学生的心灵,给他们留下对学校的美好记忆。"说好学校故事"将成为学校文化建设的一条靓丽的风景线。

三是大力宣传学校榜样。英雄是组织文化的构成要素之一。学校中的英雄人物给学生提供了一个有形的、可以效仿的榜样。没有楷模的学校文化是不完备的,也是难以传播的。英雄是一种象征,他们行为超乎寻常,但他们离我们并不遥远,他们常常戏剧性地向人们显示,成功是在人们力所能及的范围之内的。学校英雄是学校价值观的践行者,对内是角色榜样,对外代表学校形象。成功的学校都有自己的榜样。相较而言,学生楷模更容易被其他学生认可,为其他学生提供可资借鉴的范本。榜样的力量是无穷的,如温家宝总理一辈子以周恩来为自己的人生楷模和精神榜样。

2013年教育部颁发的《义务教育学校校长专业标准(试行)》提出了校长的六项专业职责,其中之一即"营造育人文化"。文化育人,既反映了立德树人的要求,也体现了文化的内在意蕴,更是深化学校建设的需要。校长不仅是育人文化的创建者、领导者,其本身更是育人文化中极为重要的资源。

(发表于《教书育人 校长参考》2017年第10期)

学校特色的错位与升级走向策略

【摘要】 学校特色成为学校建设的时髦用词，也成为领导和考核的"点赞"重点，然而学校特色存在比较严重的粉墨登场、绑架创新、标榜文化的错位，实际工作中应该采取正确走向策略、学校特色奠基策略、学校特色调整策略、学校特色文化策略。

【关键词】 学校特色　走向策略　错位　升级　策略

《中国教育改革和发展纲要》提出了"中小学要由应试教育转向全面提高国民素质的轨道，面向全体学生，全面提高学生的思想道德、文化科学、劳动技能和身体心理素质，促进学生生动活泼地发展，办出各自的特色"的要求。因此，很多学校把发展特色确定为学校的办学指导思想。而我国幅员辽阔，地域间差异大，在贯彻国家教育方针的大前提下，办出学校特色，无疑是正确的，也是必要的。但不切实际地一哄而上，不惜代价地贴上"特色"标签，就没有必要了。建设学校特色只是为了汇报时有话叫说，检查时有场所叫去，评价时有资料依据，更是一种误导。

一、学校特色建设错位

学校特色，有很多不同的表述，但普遍认可的表述是：学校特色是学校在全面贯彻国家教育方针的前提下，根据学校的传统和优势,在长期办学实践中形成的办学理念、培养目标、管理风格、教学内容与方法,以及师资建设、学校文化、环境、设施等多方面的风格和特征,它是一所学校在教育实践中所表现出来的独特的、优质的、稳定的整体风貌。学校特色,不可否认给许多学校注入了生机,然而"繁荣"的背后"乱象"还是不少。

1. 粉墨登场

学校特色,本应"扎根"于学校已有条件和优势。学校的硬件条件、师资条件和生源条件等,是学校发展特色的基础和土壤。为什么一些学校特色"闪亮登场"不久,很快就"黯然谢幕"了呢?因为特色项目设计与建设脱离了根基。一是纯粹移植。借鉴外校,甚至国外学校特色的做法是必要的,但移植多数会出问题。在无基础、无师资、无条件、无场地、无规划的情况下"强迫上马"更是要不得。如南方某偏僻农村小学创办"京剧进课堂",不久就夭折了。二是另辟蹊径。面对学校整体基础薄弱,缺乏开发资源与优势,一些学校干脆另辟蹊径打"擦边球",目的是提高知名度。如某小学连续几年轰轰烈烈举办"创意稻草节"特色活动,影响力不小,但是却没能改变其教学质量全县垫底的状况,因此遭人诟病。三是越俎代庖。一些本应由地方政府开发的经济资源和地方文化资源被学校包揽下来,作为学校特色项目,如矿产资源、经济林资源、民间艺术等。事实证明,学校非但无能力承担这些项目,而且加重了师生的负担。四是漂浮不定。部分学校特色建设年年搞,年年改,换一任校长改一茬,人力物力耗费不少,但特色始终没有在校园内落地生根。

2. 绑架创新

新课程改革以来,创新成为出现频率最高的词之一,从新教育理念到新教育模式,再到新教育实验,创新无处不在。多数学校以"人无我有,人有我优"的思路设计学校特色,自然就与创新"绑"在一起。其实,好的学校特色是学校内涵的物化形式,而面对眼花缭乱的学校特色创新,细细想想,不难发现这些创新往往是重形式的多,注重内涵的少;哗众取宠的多,扎实苦干的少;浮躁吹嘘的多,潜心静思的少;强行推进的多,自发生成的少。"创新"显露出的是学校管理者及研究者的浮躁与功利。事实上,学校特色是没有那么多创新的。一是要坚守传统,二是要坚守新经验,三是要坚守长处。发展学生是学校特色的根,学校特色要更好地为教学服务。教学是有规律的,这种规律是教师在开展教学活动过程中必须遵守的。因而,优质教育其实就是遵循教育常识、遵循学生身心发展规律、遵循教育客观规律的教育。任何优质教育,其思想内核都体现高度的统一性与相似性,正所谓"成功的教育,校校相似;不成功的教育,校校不同"。特色的创新教育,最多只是形式的创新,只不过更遵循教学规律而已,如"洋思经验""衡水经验""黄冈经验"是特色的典范,而其实质就是让位于学生,让学生在自学的过程中发现知识,锻炼能力,增长智慧。发展学校特色要鼓励创新,但反对过多的文字与形式游戏。在花哨以及喧嚣的学校特色背后,怕的是缺乏理念的支撑、思想的支持,看似创新,丢失的却是教育的基本常识。这种特色与其说是创新,倒不如说是对教育的亵渎。难怪李镇西老师会说:"我想办一所没有特色的学校,没有特色是学校最大的特色。"

3.文化标榜

学校核心价值观在学校文化中起着统摄作用,是学校文化的灵魂。一般认为,学校核心价值观是一所学校全体师生在日常生活和活动中共同遵守、信奉的原则和信念,如北京大学"思想自由"的办学原则以及台湾忠信学校"爱自己的孩子是人,爱别人的孩子是神"的教育信念。学校文化建设的核心是形成共同价值观。学校特色是学校文化建设的主要抓手,但学校特色并不等同于学校文化,冠以

"某某文化",硬把学校特色往文化上扯,就是一种标榜,会招人唾弃。其具体表现,一是把学校特色建设理解为建设特色校园,把切入点放在了校园的绿化、美化上,把着力点放在了标志性的建筑和学校硬件的配备上,把工作重点放在"建设"而不是"特色"上,在对学校特色的认识上存在片面性,如有些学校挂名言、建长廊、树雕塑,将"建设"植入校内,但没有将特色植入头脑,没有逐步形成师生在日常生活和活动中共同遵守、信奉的原则和信念。二是把学校特色平庸化,为特色而建设特色。学校特色建设应该有浓厚的文化色彩,是"基于学校,在学校中,为了学校"。学校特色应该是文化性和整体性的,能够体现学校教育理想和教育哲学,能够上升为学校精神和价值观,如果抛弃学校文化和传统,突击建设所谓的学校特色,最终将导致学校丢掉价值观和方向感,遗忘学校历史和文化记忆,学校就不可避免地趋向平庸,学校特色也会逐步消解。

学校特色是促进学校有效发展的一项复杂的系统工程,如果采用运动式、一刀切思路,强评估、强考核的办法,显然容易走入"泛特色""浅特色""非特色"的怪圈。

二、学校特色走向策略

学校特色与学校文化之间是共性与个性的关系。一所学校内部,其特色建设与文化建设之间,同样也存在共性与个性的关系。学校文化是"底色",办学特色是"底色"上的"浓墨重彩"。处于同一社会大背景下的办学实体,在课程、管理、教学等方面具有共性是必然的。但只有共性、没有个性的学校是没有生命力的。只有以深厚的富有个性的文化底蕴凸显办学特色,才能有永恒的价值和无穷的魅力。学校要努力从形成学校特色的角度,增强学校文化的"底色"。

1.学校特色的奠基策略

学校特色的准确定位非常重要，否则就会妨碍学校的健康发展。一是特色生发。所谓特色生发，就是学校特色项目的内容是根据学校自身的发展需求和条件而生发的，主要包括学校的硬件条件、师资条件、生源条件和人们对学校发展的要求。学校特色要源于这些条件和需求。如学校建设特色初期，往往追求硬件条件特别是学校外观的与众不同，或者根据教师特长设计特色项目，追求的是表面的特色。当学校表面特色发展到一定程度时要不失时机地使学校特色向根本转换，即落到学生发展上，根据生源特点和发展需要生成特色。学生需要什么，学校就要提供什么。同时，还要做好开门办学，做好办学资源的开发和使用，发挥家长和社区的作用。二是立意高远。学校特色应该是有高远的立意的，否则就没有意义了。学校特色虽然生发于环境，但学校的品位要高于周围的品位。教育是面向未来的一种活动，虽然受社会条件影响，但也具有一定的独立性，具有对环境的引领和辐射作用。学校是社会的净化器，一些珍贵的、高尚的价值观要体现在学校特色中。学校特色的品位主要体现在对学生全面发展、优质教育、个性发展的关照上。学校特色立意高远体现在关注学生的发展上，要根据期望设计发展目标和特色。学校特色的立意高远还体现在高质量和自主性上，高质量是学校特色的重要支点，是学校特色的重要标志；自主性体现了教育和受教育的自由。学校特色的最终目的是促进学生全面发展，而自主发展是学生全面可持续发展的基础。三是二维成熟。学校特色要在时间、空间两个维度发展，并体现整体性、渗透性和持久性，实现特色的成熟。学校特色是有一条主线贯穿的、整体的特色。成熟的学校特色应该渗透学校的每一个角落、每一个活动和每一个人。学校特色需要积淀，是文化的传承，具有持久性、穿透性，是长期沉淀下来的特征，要经历一个取精华弃糟粕的过程。

2.学校特色的统摄策略

学校特色,不仅渗透学校的方方面面,而且具有很强的统摄功能,可以促进学校发展的整体推进。一是营造先进的理念。学校要坚持继承性、时代性、前瞻性原则,充分调动全校教职工的智慧和热情,集思广益、概括提炼、完善提升,形成独特的办学思想,如"成就每一位孩子的幸福童年""尽量不麻烦人家""把每件事都做到底"等办学宗旨,以及"以书为友、以歌为伴、以人为本、以质取胜"的办学理念,"教育就是服务,价值在于奉献"的工作态度等。二是创造优雅的环境。学校环境要体现文化品位、现代气息和人文精神的统一,发挥环境育人的作用。环境建设包括校园环境建设和人文环境建设两个方面。校园环境要着眼于学校总体布局的和谐统一,着眼于环境对学生的熏陶和感染,将自然美与人文之美有机结合,将现代气息与传统文化底蕴有机融合,统筹规划,精心雕琢,力求"一墙一角皆文化,一草一木总关情"。同时,还要在校园内弘扬中华民族传统美德,让学生学会感恩,形成相互帮扶、民主和谐、尊重科学、促进现代文明的人文环境。三是推行科学的管理。学校要创新管理意识,管理要由"控制型"向"服务型"转变,彰显人文色彩。学校管理要为教学服务,教学管理要为教师服务,教师管理要为学生服务。学校管理不同于物与知识的管理,既要借助制度等刚性手段,又要做好人的工作。人文管理是一个逐渐影响的过程,是一部分人带动更多人的过程。因此,学校管理者要尊重人、关注人、了解人、信任人,针对具体问题,不断采取针对性的策略,使人文管理成为学校管理的主流。四是建设高效的课堂。课堂永远是学校发展的前沿阵地和主战场。首先,构建生命课堂。教育是培育生命的事业,教学不仅仅是传授知识的活动,更是发展生命的活动。教育作为一种传承,实质上是个体生命不断提高生命质量的过程,忽视生命特征和生命规律的教育都是对个体生命成长的阻碍和摧残。其次,构建民主课堂。平等、民主是课堂构建的核心和灵魂。在课堂上,教师应该面向全体学生,教好每一个学生,促进每一个学生发展。再次,构建生活课堂。课堂教学与生活联系密切,只有植根于生活世界并为生活世界服务的课堂,才是具有强盛生命力的课堂,只有不脱离学生生活实际的教育才是具有珍贵价值的教育。最后,构建生动课堂。课堂教学应是丰富多彩、引人入胜的,教师在构建生动的课堂中发挥着重要作用。五是构建丰富的课程。课程建设是课程改革以来学校必须承担的一项非常重要的义务,在一定程度上决定着教学的成败。为此,构建丰富、生动的课程就显得尤为重要。在学校课程建设中要努力做到学科课程校本化、德育课程活动化、校本课程个性化,要努力提高教师的课程意识,为学生提供丰富的课程资源,强化多元课程设计,增强课程设计的综合性、开放性、适应性和灵活性。

3. 学校特色的文化策略

学校特色是学校文化的重要组成部分,是学校文化的主推手。学校文化的发展在很大程度上是学校特色转型升级的结果。因此,学校特色建设一定要紧贴学校文化建设的目标,尽快使学校文化建设落地生根。有人说,低级的管理是人治,中级的管理是法治,高级的管理是文化管理。文化管理不仅是学校发展的高级目标,也是学校特色建设的最终目标。一是关注育人。学校特色要从关注"文化管理"转向"文化育人",把文化育人作为学校的出发点和落脚点,重视学校文化潜移默化的教育功能,把文化育人作为办学治校的主要途径。这也是学校有别于其他组织的特色所在。文化育人具有系统性、渗透性、内隐性、深入性和持久性,体现了教育的本质。文化育人是一种影响、熏陶和濡染,像空气一样包围着受教育者,让其不知不觉地去接受、体会,从而净化心灵,美化人品,深化感情。学校要重视绿化校园、人文校园和书香校园的创建,建设优良的校风、教风、学风,使之成为一种风尚,一种持久的规范力量。二是基于课程。课程是学校提供给学生的跑道。学校教育的核心是课程,因为课程集中、具体地体现了教育目标,是人才培养的蓝图。简言之,办什么样的学校、培养什么样的人最终是通过课程来实现的。因此,学校特色与学校课程不应是两张皮,而应该同步。具体地说,在课程目标、课程内容、课程实施和课程评价等各个方面都应该融入学校的文化追求。此外,还应该注重学校特色活动的课程化开发,使目标更明确、内容更丰富、实施更规范、评价更全面。可以将社团活动开发成课程,将开学、毕业典礼开发成课程,将艺术节、体育节、读书节等进行课程化设计。三是由内而外。不少学校热衷于学校形象的设计、环境的营造和文化活动的开展,轰轰烈烈、热热闹闹,注重的是文化印象,而不是文化影响。一句话,文化没有触及人的灵魂。而文化建设的关键是人心的建设。学校文化不等于物质文化、制度文化和精神文化的简单相加,而是内在关联的提升。学校文化建设是内在决定外在,深层决定表层,隐性决定显性。理念和价值是学校文化的核心,制度层面和物质层面的文化都是它的外化和显化。四是自下而上。学校文化是学校中大多数人的共同价值观和行为方式。因此,认同是学校文化的基础。但是,在学校文化建设中,校长习惯于"自上而下"。如果没有得到广大师生的认同,会导致学校文化建设难以落地生根,要提高学校文化建设的实效性,必须改成"自下而上"的学校文化建设,即倡导建设大家的学校文化,大家建设学校文化。一方面,在学校文化的形成过程中,应发动全校师生参与讨论,各抒己见,畅所欲言,以求广泛认同,达成共识。另一方面,在学校文化建设的过程中,应充分发挥师生的主动性和创造性,尽量少一些刻板的预设,多一些动态的生成,以呈现文化的丰富和精彩。尤其要发挥学生的主体作用,鼓励学生积极参与文化建设,使学生不仅成为学校文化的享用者,也成为学校文化的建设者。五是软硬结合。文化的传播虽然是一个缓慢的过程,需要采用渐进的方式推进。但是,对于学校文化建设来说,强势推进也是必不可少的。学校制度可以通过刚性的力量,对学校成员的行为进行规范、引导和约束,从而形成学校制度所期望生成的学校文化。

学校特色尽管不是教育发展的终极目标,但学校特色是实现教育理想的手段与途径,过程决定成败,因此要慎之又慎。

参考文献

[1]赵茜,冯晋婧.如何认识和评估学校特色[J].青年教师,2012(02):26—27.

[2]梁好.教育并没有那么多"新"[J].教学与管理,2013(11):33.

[3]胡德运,唐宇灵.以课程建设为路径,彰显学校办学特色[J].江苏教育研究,2013(08):54—56.

[4]项红专.让学校文化真正落地[N].浙江教育报,2013-12-11(3).

(发表于《教书育人 校长参考》2015 年第 3 期)

消除教学"霸权"的羁绊
推进教学民主化进程

【摘要】新课程推进过程中总会遇到这样那样的阻力。其中教学"霸权"是重要阻力之一。因为它是与新课程教学民主化的核心理念相悖的。笔者以基层一线教师的视角从教师、教育行政、教研部门和学校四个方面分析教学"霸权"产生的原因,目的是提高人们的认识,主动消除"霸权"的羁绊,推进教学民主化进程。

【关键词】霸权 民主 职业 学术 掌控权

21世纪初我国启动的新一轮基础教育课程改革,是一场引进西方先进教学理念,贯彻以生为本,张扬个性,培养创新精神和实践能力,实现教学民主回归的革新,是一次在很大程度上颠覆了传统教学观念的革命。其核心理念是实现教学的民主化。

教学工作是学校的中心工作,教学改革是教育改革的核心。学校工作一旦偏离教学中心,教育改革就会失去基础和意义。本次的教育改革是从改革课程入手的,并随着教学改革的深化而不断推进。课程改革从实验开始到如今已有六年时间,六年中取得了很多有目共睹的改革新成就,新课程也普遍被教师们接受,令人欣喜。但在取得成绩的同时出现的问题和矛盾也不少,其间也走了不少弯路,经历了波折,一度出现传统观念重新抬头,想走回头路的迹象。

教学改革已进入关键期,任何一项改革深入推进,各种深层次的矛盾都会浮出水面,从多方面阻碍和延缓改革的推进,这是常有的事。这需要改革者不畏艰险,有敢于突破的勇气,善于抓住"牛鼻子",掌握推进的主动权。本次教学改革鼓励学生自主、合作和创新学习,有效促进学生个性发展;教师要成为学生学习的参与者、合作者,这与传统的"师道尊严"的教学理念存在很大差别,实施起来阻力肯定不小。教学改革进一步推进的关键是树立教学民主的理念,形成教学民主的氛围,创设教学民主的环境,提供教学民主的条件。要做到这些,最大的阻力是积淀已久的教学"霸权"。教学"霸权"是改革的最大羁绊。要消除"霸权",首先要对其根源、形式和危害有足够的认识。随着教育民主进程的推进,在旧的"霸权"消除的同时,要防止新的"霸权"产生。教学改革是一场"霸权"与民主的博弈,最终还要借助民主的力量来消除"霸权"。本文从教师、教育行政部门、教研部门和学校四个方面来对教学"霸权"做一简要分析。

一、教师

中小学教师待遇不高,工作辛苦,但为何许多教师甘愿为中小学教育事业奉献呢?有人说,除了本身热爱和适应该项工作外,还有一个很重要的因素,就是三尺讲台尽管不大,但是教师的独立性还是比较强的,即教师是一种能展示个人才华和意志的职业,并且还不用为缺少"观众"(学生)而担忧。"我的地盘我做主",教师在教学中的主导作用是无法替代的,教师在课堂上的独立地位也是无法更改的。这是教师职业产生"霸权"的最主要原因之一。所以,消除教学"霸权"应该从消除教师的"霸权"开始。

1.课堂教学的设计权

课堂教学需要预设,也就是通常所说的备课,现在流行称之为教学设计。尽管为教学设计制定了相关要求,但设计主要还是由教师独立完成的,至今还没有找到有效的监控手段。就是有检查也往往是在上课后。课堂设计——教案是教师教学理念、职业道德和专业素养的结晶。而目前我国教师职业素养的差异很大,这有历史的原因,也有现实的原因,一时很难改变。"我的设计我做主",不同的教师的教学设计的差异是很难改变的,也是用不着改变的,因为不同教师面对的是不同学生,克服设计中的"霸权"关键在教师。

2.课堂教学的掌控权

好的教学设计需要好的课堂教学来落实,而教学的掌控权也在教师手中。教师完全可以根据自己的水平、情绪、特长和喜好以及学生的需求,独立决定和调整课堂教学,甚至可以把原有的教学设计全面推翻,另起炉灶。当然教师完全可以根据预设,不做任何改进和调整地"走教案",但这是不符合从学生的实际出发的鼓励课堂"生成"的要求的。以上两种情况都是教师课堂"霸权"的表现,但有谁能控制呢?教师课堂教学的掌控权决定了"我的课堂我做主"。

3.课堂发言的主导权

课堂上学生表达个人意见是否自由,是衡量课堂民主程度的一个重要指标。只有让学生充分发言教师才能真正知道学生在想什么,学生的意见和观点是什么,也只有这样课堂交流才会真正有效。可是课堂发言的主导权掌握在教师手中。比如,提什么问题,让不让学生提问题,谁的问题会被采纳,什么问题供学生讨论,对学生的回答和讨论给予肯定或否定都由教师说了算。日积月累,学生掌握了教师的习性,为了争取发言权,满足表达欲,会千方百计地迎合教师。就是在精心炮制的公开教学中也常会听到教师大声地表扬"谢谢同学们的配合"。学生仅仅是教师的配角,"我的课堂我说了算"。

4.教学内容的整合权

原来教师头痛的是怎么教,而新课程理念中提出了教师是课程建设的参与者、组织者和建设者,鼓励教师在教学中根据学生的需要对教材拓展、延伸,并进行再开发。这是摆在教师面前的一个新课题,是对教师素养的新挑战。学校只能提供条件和设备,至于怎样整合,要不要整合,整合什么内容,还是由教师决定。这是造成新课程教学形式和效果差异大的主要原因之一。"教什么我选择"。

5.学生成绩的评判权

隔行如隔山,多数家长对学生成绩的评定标准只有一个模糊的概念,看重分数,看重结果,很少关注孩子的全面成长,如心理成长、能力提高和习惯养成等。正是由于家长对教学质量认识与评价的模糊,教师掌握了对学生学习成绩的评判权。再说,考题的答案往往也不是唯一的,尤其是人文社会学科,学校能提供的也只是参考答案,主动权仍掌握在教师手中。所以,教师完全可以为了满足少数家长的虚荣心和求胜心抬高分数。反之,也可以降低分数。"学生的成绩我了解"。

教师具有自主权、掌控权、评判权和独立性,关键要看他们怎样使用手中的权,是不是诚信地为教学服务,为学生服务。使用好这些权的决定因素在于教师的综合素质,主要包含高尚的教师职业道德、先进的教学理念和扎实的专业素养。

二、教育行政部门

教育行政部门从表面上看不直接参与学校的教学工作,但是教育行政部门掌控着教育改革方向、决策权和经济权等,直接或间接地决定和影响着教育改革的方向和学校的命运。

1.教学改革的决定权

教学要不要改革?怎样改革?不是由教师说了算,也不是由学校说了算,而是由教育行政部门定方案,政府批准,学校落实。

2.教育资源的分配权

教育行政部门掌握着教育资源的分配权。想要发展一批重点学校,就要出台相应的考核指标,挑选一批学校,组织人员考核,把主要经费和设备投入这些学校,并集中高素质师资到这类学校任教。这类评比、考核和奖励是经常性的。这加速了学校发展的不平衡。

3.学校布局的决定权

学校布局直接关系着教育发展的合理性。学校布局方案主要由教育行政部门确定。如目前媒体反复播报的"希望工程学校被荒废和改作他用""农村学校人去楼空"等,真正的根源在于学校布局上缺乏远见和不负责任。

4.教学计划的参与权

教育行政部门经常会要求学校组织一些活动,教师习惯称之为"六个一"活动,即"全校集中一次学习,开展一次全校活动,每班组织一次班会,每班出好一次墙报,搞好一次征文,做好一次表彰"。这种与教学工作风马牛不相及的随意布置,在很大程度上扰乱了学校教学秩序,是对教育教学规律的不尊重。

教育行政部门尽管不是教学业务的直接主管部门,但其出台的政策、做出的决定和布置的任务威力是很大的。要解决这个矛盾,关键是转变教育行政部门的职能,从行政指令型向服务型转变,为教学改革保驾护航,为教学改革建设宽松、民主的环境。

三、教研部门

教研部门(主要指的是教研室)是教学业务部门,主要职能是为教学服务,本不应该有"霸权",但却被学校和教师称为"无冕之王"。因为它掌控着教学的学术评比权,在很大程度上左右着教学改革方向。一是教师是专业技术人员,学术水平高低决定教师的职称与身份。二是学校科研水平在某种程度上代表学校的办学水平,是各类评比与考核的重要指标,哪位校长都不敢怠慢学术。

1.考试的决定权

学校和家长极端重视学生考试分数。但掌握考试决定权的是谁,许多人不清楚,事实上是教研室。除高考等大型的考试外,教研室掌控了其他考试和检测的决定权。一是试卷的拟定权。考什么,怎么考,试题难易程度,基本由教研室决定。二是考试的组织权。学生怕考试,教师照样也怕考试。抽什么年级,抽什么科目,安排怎样的考试形式,也是由教研室说了算。如,教师普遍反映,新课程教材明明要求不高,而考试题目却很难。又如,明明学校管理规程中规定不列入书面考试范围的科目,但教研室说要考,或有权威的教研员提出想考,还是照考不误。

2.资料的导向性

应该承认教研员是一个学术档次和素养较高的群体,他们为了展示学术成果和发挥学术价值,编写一些教学资料指导教师教学或促进教学改革也是非常必要的。但事实上多数教研员热衷于编写教材的配套资料、教辅资料和竞赛试题等。教师争相抢购,不愁销路。因为资料是教研员编的,试题是教研员拟的,谁不想在他们编的资料中找出试题的"蛛丝马迹",走一走捷径呢?于是教师热衷于推销本地教研员的资料,学生喜欢购买本地教研员的资料就不难理解了。出版社也知道教研员编的资料不愁销路,所以很愿意主动与教研室、教研员取得联系,为他们出版相应的资料。据说,某些县市学校要求学生人手一份本地教研员编写的教材配套资料。难怪有教研员公开标榜:"我们的资料很受欢迎。"

3.活动的组织权

随着教师对教研室和教研员学术权威的认可,教育主管部门对教师培训要求的提高,由教研室牵头举办的各种教学评比活动也在不断地增加,如教师的教学比武活动、赛课活动、学生的竞赛活动等。因为教研室是理所当然的业务部门和学术权威,不听他们听谁的?于是主题由他们定,样本由他们提供,评判标准编制、解释权掌握在他们手中。

对教研部门的"霸权",有人总结说:"教师听校长的,校长听局长的,局长反过来听教研室主任的。"在新课程改革中教研室起着龙头和导向作用,劳苦功高,功不可没,也是今后继续推进改革的强大力量。但其拥有的肥沃土壤和优越资源,容易滋生"霸权",应该有相应的监督机制与措施。

四、学校

学校是法人,掌握的权限还是不小的。俗话说,县官不如现管。尤其是新课程改革实施以来,积极倡导"校本"理念,这在某种程度上扩大了学校的办学自主权,这显然是一件好事。但也是一把双刃剑,把握不好会演变成一种学校管理的"霸权"。

1. 教师的考核权

实施新课程是深化素质教育的核心。把素质教育与考试对立起来是一种误解。应该优化考试,把考试转化为推进素质教育的一种积极因素,在保证学生全面发展、个性提升的前提下组织好考试。由于受多年应试教育惯性思维的影响,学校对教师教学业绩往往采取比较简单粗暴的方法考核,一味以一两次考试分数为主要考核标准,抹杀教师平时为培养学生所花的心血,忽略学生的原有基础。从本质上说,这就是一种考核的"霸权"。

2. 教师的奖励权

教师的教学工作是一项非常强调"自觉"的工作。激励是教师工作动力的不竭源泉。教师是一个非常看重名声的群体,很多时候名声大于物质。获什么奖励,或哪个级别的奖励,奖励哪些人,奖金多少,教师们密切关注,十分关心。激励机制把握不好会直接伤害教师的工作积极性,而奖励的项目、内容和方式正是由学校决定的。

3. 发展的决策权

在教育稳定发展的大背景下,学校发展的决策权主要掌握在学校领导手中。为了追求政绩做表面文章的,往往会大做特做"养眼"的面子工程;为了提高知名度,经常换花样的,往往追求"轰动"效应;有脚踏实地,遵循规律,默默无闻地做"民生"工程的;等等。事实上学校发展模式没有好坏之分,标准在于是否符合学校的实际与需要,是否符合素质教育的要求。如果犯了主观主义错误,那就是"霸权"。

4. 教师的人事权

"学习是一种修炼,培训是一种福利"早已成为教师的共识。"人人想培训,个个争福利"是一个矛盾源。教师培训仅仅请进来、走出去显然是不够的,需要让教师参加更高级别和档次的专业培训。学校要舍得花钱,把钱花在刀刃上。就教师培训这个问题,教师的怨言还是不少的。如,对象过于集中,普及面不广,培训内容不从教师实际出发等。

5. 课务的安排权

教师课务安排是很有讲究的。首先,要考虑适应性。一是考虑教师的特长与个性。二是考虑师生间的适应,即教师是否适应学生,学生是否适应教师。适应性是很重要的。其次,要考虑教师的发展。教师需要在教学实践中发展。这种发展机遇主要由学校提供,从课务安排中得到体现。不能对年轻教师过早定性,要提供多岗位"练兵"的机会,否则不利于年轻教师的成长。曾经就有教师自称"一二一"

老师。什么意思呢？就是他从教几十年，一直教小学一年级和二年级，直至退休。难怪他自嘲："我也是一二年级的学生了。"这种过早定位的做法限制了教师的发展，尤其是年轻教师。再次，从学校教学发展的需要出发，要做到保持强项，扶持弱项，填补空白，整合提升。这有利于学校教学的持续有效发展。任何功利型、照顾型的课务安排对学校、教师都是不利的，都是一种强权表现。

学校是教师工作、生活和情感的主要依托。学校"霸权"对教师造成的伤害是最直接的最深层的，最容易让教师产生危机感，最容易使教师对教学失去激情与信心。消除教学"霸权"要从学校开始，最终也由学校来落实。

推进教学民主化与发挥教学权威是不矛盾的，如果把学校权威发展成一种教学"霸权"，那就是教学的异化。教学"霸权"是教学民主化的最大阻力，是与新课程改革精神背道而驰的。可悲的是，少数教学"霸权"的受害者认识不到危害，反而认为这是正常的，为教学"霸权"推波助澜。可怕的是，"霸权"的实施者认为这是一种能力和责任的象征。可恶的是，"霸权"的制造者认为这是一种发展方向。教学"霸权"一日不除，教学民主就一日不能实现。教学的"霸权"源远流长，想短时间内消除是不容易的，它需要一个漫长的过程。

寻回学生作业功能
强化作业设计义务
——减轻学生课业负担有效策略思考

【摘要】 作业过多过滥是造成学生负担过重的重要因素之一，教师放弃作业设计的义务是造成作业功能丧失的根源。寻回学生作业功能是深化课程改革、减轻学生负担的前提条件。寻回学生作业功能的主要途径就是强化教师作业设计义务。

【关键词】 寻回 强化 功能 义务 作业设计

学生作业过多过滥，家长早已深恶痛绝，但又无奈，时而还违心地充当推波助澜的角色。作业设计原本就是教师必备的能力，不知从何时开始教师的这项义务悄然被教材的编写者、教研员、出版商等承担。目前教师布置的作业主要是现成的与教材配套的练习册、教研部门提供的测试卷和从书店等购买的各类资料。随着教师设计作业的义务被转移，教师设计作业的素养自然也就退化了。多数教师，尤其是中青年教师，已经没有设计学生作业的意识了，使用他人设计的作业早已是理所当然的。长此以往，教师将不具备设计学生作业和拟定试卷的能力。这是非常令人担忧的，如果不及时纠正，教学必然走入歧途，课程改革也将搁浅。课堂教学、学生作业、课外活动共同构成了完整的教学体系，作业环节出了问题必然会影响教学的整体效果,造成教学质量低下。

一、作业功能削弱的背景分析

改革开放给教育出版业的繁荣提供了前所未有的机遇。由于出版政策宽松,当前的教育出版物无论在种类上还是在数量上都是史无前例的,尤其是中小学生作业资料市场空前繁荣。学生作业市场的繁荣取决于卖方的需求。学生作业市场繁荣是不正常现象。但许多家长一边在骂,一边又在采购。追根溯源,这是与我国以考试为主的教育体制分不开的,因为考试就要看分数,人们总认为分数要提高,多做题目是法宝,从而形成了"做比不做好,做多比做少好,做的形式多比少好"的作业观。其次,学生作业一旦进入市场,必然被商人掌控。商人追求的是利润最大化。为吸引学生、家长和教师的眼球,出版商从名称上、内容上、题型上绞尽脑汁,做尽文章,如,"培优、倍速、经典、一点通、状元题"等。

（一）编写的渠道

（1）教科书编写部门编写。主要依据课后问题编写配套练习题,是把课后问题具体化了。通过教育行政部门随教科书一并下发给学生,不存在推销与经费的担忧。（2）教研部门编写。教研室被称为"无冕之王"。它们掌握着学科教学指导权、教师教学成果评比权、教学效果评价权,三权合一,在教师眼里是很神圣的,所以教研室提供的或教研员冠名编写的作业资料都成为当地的抢手货。其原因是教师希望从中获取考试信息,提高分数。（3）名师领衔编写。"名师工程"唱响以来,一大批名师家喻户晓。名师凭借特殊的社会地位,利用"徒弟"资源,领衔编写的类似"名师经典"等学生作业也不愁销路。（4）出版商编写。出版商召集人马"出题",他们想出什么就出什么,想什么时候出就什么时候出,占了很大的时空优势。（5）自由职业人编写。自由职业人尽管是非教育专业人士,但他们往往是市场的弄潮儿。（6）培训机构编写。培训机构多数是针对中小学生的。它们为了生存和发展,为了站稳脚跟,自然不会放弃学生作业市场,也在编写学生作业上动起了脑筋。它们采取独立或联手的办法招募人马编写符合培训特点,又能吸引学生的作业。这也是一支不容忽视、逐步强大的编写作业的新生力量。

以上学生作业编写者存在一个共同点,就是编写的依据是教材和虚拟的学生。它们存在的致命缺点就是没有实践的支撑。实践是作业设计中最鲜活的、最有生命力的依据。它决定题目的形式和难易度,也是贯彻以生为本教学理念的最重要渠道。所以,任何脱离实践的学生作业设计理由再充分、题目再新颖、包装再精致,都始终与真实的学生存在一定的距离。这是现成作业与任课教师设计的作业的本质区别,也是导致作业功能削弱的重要原因之一。

(二)作业的题型

(1)配套题。所谓配套题,主要是与教科书配套的题。主要依据课本中的学习提示,以及每个单元的综合训练内容,多数以"作业本""同步练习"形式出现。主要有两种情况,一类是紧扣教科书,另一类是高于教科书要求。(2)拓展和延伸题。《语文课程标准》提出的是底线要求,教学中教师根据实际适当地拓展与延伸,对满足学生的学习需求是很有必要的。目前存在的问题主要是拓展无边,延伸无度。如学了一个成语,就要求学生掌握类似的二十个成语;学了一首古诗,就要求学生背诵二十首古诗等。(3)提升题。顾名思义就是拔高难度的题目。适当提高难度让学生跳一跳摘桃子是教学所需要的,但过度拔高难度是不应该的。尤其是语文,存在让低年级做高年级的题目,目标模糊,让不同年级做同样难度的题目等问题。(4)竞赛题。学生竞赛禁而不止,这与不正常的教学管理体制是分不开的。因为他们把竞赛看成提高学生学习能力的捷径。奥数竞赛辅导、学生做奥数题成风就是这种观念在作怪。竞赛题多以繁、难、偏为特点。难怪有家长叹息:"本科生已做不出小学三年级的数学题。"(5)兴趣特长题。兴趣特长题的原意应该是受学生喜欢的、有利于培养学生特长的练习题。如果编得好,对培养学生的兴趣、发挥学生的潜能是有好处的。问题的关键是编写者过分追求新颖性。这很容易误导学生。(6)综合题。所谓综合题,也称综合训练,它是与单项训练相对而言的,对培养学生的综合能力是很有必要的。但事实上,"一课一卷""一题多练""多题混练"的综合题,没有遵循综合训练的本意,往往以试卷形式出现,为考试服务。

学生作业既是课堂教学的有机组成部分,也是为课堂教学服务的,对深化课堂教学、提高课堂效率起着关键性作用。就作业本身而言,类型是比较固定的,主要有预习作业、随堂作业、复习作业三种,对教学起不同的作用。如复习作业,不是原有内容和题目的重复,而是起巩固提高作用。所以作业设计要在预习作业、随堂作业、复习作业规定范围内做文章。题型可以千变万化,但类型和作用不能随意改变。现成作业中复习作业是绝对多数,少量的随堂作业不是太死板,就是难度太大,脱离实际,预习作业则极为少见。这种类型不全、功能不到位的现成作业是导致作业功能削弱的又一重要原因。

(三)造成的危害

(1)鱼目混珠。目前市场上学生作业题名目多得惊人。作者曾到一个中等县城的一家一般规模的民营书店了解,该书店有小学生作业资料1278种,主要集中在语文、数学两门,销量好的有近五百种。在这个"书的海洋"中不挑花眼是很难的。家长通常的采购方法是"人家买我也买,谁名气大买谁的,老师说好的就买,干脆多挑几样"。家长常为买不到孩子称心的作业资料而闹心。(2)浪费资源。学生作业资料市场以名称、包装、怪题、偏题,出版社大小,编写人单位、名气、关系等作为主要竞争条件,严重偏离了"有利于学生学习与发展"这个核心,所以真正有生命力的好资料不多。这是一种人力、物力的浪费,更是一种自然资源的浪费,这与低碳社会发展要求是严重背离的。(3)冲击教学秩序。课堂教学、学生作业、课外活动一起构成了完整的小学教学体系。课堂教学有效、学生作业适中、课外活动丰富是教学的理想状态。学生被作业压得抬不起头,造成课堂上萎靡不振、注意力难以集中。学生的课余时间几乎全被作业挤占了,难怪有学生感叹:"我有限的生命做不完老师无限的作业。"学生陷入作业的汪洋大海不能自拔,严重影响正常的教学秩序。(4)作业丧失功能。学生作业的主要功能:一是通过练习,掌握并理解学过的课堂知识,二是将学过的知识融会贯通,举一反三,具体有引导预习、促进理解、帮助记忆、促进知识体系形成的功能。作业设计要充分考虑学生在完成作业过程中体验到的幸福和快乐,让完成作业成为学生的一种自觉需要。学生整天埋头于作业,做一些脱离教材、题型怪异、题目刁钻的题,根本体验不到幸福和快乐。(5)学生负担过重。学生课业负担过重的罪魁祸首就是作业过多过滥。"作业做得多分数就高"深入人心,但时间是一定的,作业过多,挤占了学生必要的休息时间,就使学生不堪重负。

对作业功能削弱的背景进行分析,主要是为了提高人们对作业过重危害的认识。一是教师、家长的错误作业观念掩盖了真相;二是现成作业的便捷性、长期性维护其合理性的假象。现成作业设计过程脱离实际,所以提供的作业往往不是学生学习所需要的,是学生过重负担的根源之一。学生作业功能削弱和异化,如果任其发展,后果是不堪设想的。因此,寻回作业功能,落实作业设计义务,必将成为进一步推进教学改革的引擎。

二、落实作业设计义务的策略

寻回学生作业功能的途径是强化教师作业设计的义务。这项义务不应强加,而应该成为教师的自觉。承担义务的过程不是传统作业设计的翻版,而是基于现代教学理念的创新。

1.整体把握,击中要害。"不识庐山真面目,只缘身在其山中。"学生作业泛滥是与教师和家长对现有作业对学生的危害认识不到位分不开的。一味埋怨教学评价机制和家长是没用的,只有深入实际,开展深入的调查研究,才能从宏观上认识现有作业的危害,进行有效整改。具体做法有:一是组织教师深入调查。学校或教研部门要经常组织教师深入学生作业市场和学生中,了解市场上有哪些类型的作业;认真听取家长、学生对作业的态度和建议,同时及时了解有哪些新类型的作业,掌握新动向。二是组织教师深入分析。组织专家、教师对市面上现有的作业进行细致分析。重点对照课标要求、学科特点、年级目标、学生实际,辨别好差真伪,相互交流,统一认识。三是研究制定突破策略。找出问题的目的是解决问题。在认识危害性的基础上,要针对本校学生实际,研究制定突破策略。重点从明确目标、统一认识、上下联动、有所创新上下功夫。学校既要有符合上级政策要求的规定动作,又要有符合学校实际的自选动作,使作业设计进入正轨。

2.吸取精华,剔去糟粕。要认清,千军万马编学生作业,造成学生作业设计混乱,同时还应该看到其中有不少精华,一概否认也是一种资源浪费,正确的做法应该是取其精华,剔去糟粕。一是教师要有敏锐的洞察能力,善于从浩瀚的学生作业海洋中发掘精华。这些精华分布在不同的作业中,可以这里找一点,那里找一题,然后汇集成册。二是要制定相应的作业标准,如从作业类型、课程标准、学生实际等方面判断哪些是好的,哪些是改编后有用的,哪些是有害的。三是教师间进行交流,因为每个人寻找的内容不同,判断标准也有差异,不同班级学生间也有差异。交流中要求同存异,确保教学底线。交流时重点讲清判断的标准、题目的来源及理由,通过思维的碰撞,使教师开阔视野,从差异中寻找新的思维。

3.组织研修,提升素养。教师的学生作业设计能力普遍比较低,提升教师作业设计能力是一件迫在眉睫的大事。素养的提升需要培训与研修。提升教师素养,要遵循成人学习的规律。面对教师素养普遍低下的现实,首先要组织教师集中培训,请专家讲解作业设计的重要性、必要性,以及作业设计的主要依据、学生作业的功能、学生作业的使用等,使教师从理论上提高认识,为作业设计实践奠定基础。其次要开展校本研修,有计划地组织教师一个课题一个课题地研修。如,讨论预习作业、随堂作业、复习作业的特点、优劣,提升教师的判断能力。也可以规定内容,如某一篇课文,让教师在规定时间内分别设计出预习作业、随堂作业、复习作业和学生测试卷,然后组织讨论、评比、重组。有计划、经常性地开展类似的活动,有利于全面提高教师对学生作业设计的认识,提升教师作业设计能力。再次,开展作业设计的比较研究。主要把教师设计的作业与现成的作业做比较研究。不怕不识货,只怕货比货。在比较中提升认识,在比较中提升能力。

4.加强管理,正确引导。学生作业过多过滥,与学校和教师疏于管理有关,学校和教师应该共同承担学生作业管理的重任。在作业设计的同时还需要加强管理。一是学校要加强对教师的管理。学校要制定相应的制度,禁止教师布置过多的作业,禁止现成作业在校园内泛滥;要求教师在钻研教材、熟悉课标、了解学生的基础上编写学生作业,并对落实情况作定期和不定期检查。二是加强作业的过程管理。浙江省在减轻学生负担"六严格"中明确规定,对学生作业,教师要做到精选、先做、全批、及时反馈,防止教师布置作业过程中简单、粗暴,保证学生每次作业的效果,端正学生的作业态度,减少作业量。一开始可能会有一定的阻力,只要态度坚决,坚持不懈,一定能在端正教师作业行为上起作用。三是做好家长引导。家长毕竟不是教育专业人员，在学生作业问题上需要由学校和教师引导，如如何管理学生回家完成作业的过程，帮学生养成良好的作业习惯，包括快速完成作业的习惯、认真思考的习惯、书写端正的习惯、查找资料的习惯等；引导家长为孩子购买学习资料，引导家长控制学生的作业量，引导家长正确对待社会培训机构、正确对待有偿家教等，使家长逐步树立正确的作业观，并配合学校做好学生作业管理，有效阻止劣质作业蔓延而造成负面作用。

5. 统筹兼顾，分层要求。学生间的差异始终是存在的，现代教育理念不是要消除这种差异，而是要鼓励学生多样发展。教师在作业设计和作业管理过程中要遵循这个原则。这也是优化学生作业设计的理论基础。在作业中既要有集体的智慧也要有个人智慧，还要学会利用资源，尤其要体现分层设计的要求。分层设计考虑到三种情况。第一种是要以教研组为单位，组织教师编写统一的作业题，确保底线，如基础知识的巩固题、提高熟练度的抄写题或目标比较集中的简答题等。这些作业题可以统一印制，但每节课的作业题后面要留一定的空白，供教师根据所教学生的学习情况，及时地调整、补充相关的题目，这样做既能集中集体的智慧，又能发挥教师的主观能动性，还提高了作业的针对性，对提高作业效率是很有帮助的。第二种是对学生能力要求的分层。在设计作业过程中要充分考虑学生的差异，把题目设计成 ABC 三类，A 类题重在基础，B 类题重在规范，C 类题重在提高。这是针对好中差三类学生而设计的。这样做不仅杜绝了"吃不饱和吃不了"的情况，而且为不同类型学生指明了努力方向和学习目标。第三种是填补非智力因素的空白。传统的学生作业强调的是学生的智力因素，而忽视了学生非智力因素的发展，这对学生的成长会造成很大的影响。所以，在新一轮学生作业设计中要填补这项空白。如,规定在几分钟内完成,在怎样的情境下完成,在怎样的心情下完成,用什么方法完成(查字典、阅读某篇文章后、做准备后等),与谁(同学、家长,甚至电脑等)合作完成,在谁(同学、家长、教师等)监督下完成。这些完成作业的要求,是为了提升学生的自律能力,让学生养成良好的作业习惯和做事习惯,训练学生的非智力因素,使学生逐步形成良好的个性和健全的人格。

寻回学生作业功能,落实作业设计义务,从某种意义上说是在追求一种教学价值。教学的最高价值就是培养人、塑造人,促进学生发展。学生作业设计要善于挖掘教学的最高价值,要从三个维度来思考,即从学生需要考虑,从适应学生考虑,从提升、发展学生考虑。只有真正做到以生为本才能走出学生课业负担过重的阴影。

(发表于《浙江教学研究》2011年第1期)

校长角色与有序培养

善做"懒人"的"达人"校长

【摘要】 建设中国社会主义现代化强国,需要造就一支怎样的校长队伍呢?应该是一支善做"懒人"的"达人"校长。造就善做"懒人"的"达人"校长要从修炼人文管理入手:培养人,促进队伍整体提升;选好人,促进骨干队伍成长;用对人,促进学校良性发展;用好人,促进教育深化发展。

【关键词】 懒人 达人 校长

中华民族以吃苦耐劳闻名于世。"懒人"在国人面前矮人三分、遭人唾弃。当下有一类校长受人追捧,即事无巨细,凡事皆过问、皆插手、皆做主,事事冲锋在前,因以校为家而感人。另一类却不显山、不露水,隐藏在众人背后,神不知,鬼不觉。前者往往是公众人物,后者却默默无闻。两者都能创造学校的"辉煌",令人思索。

亲力亲为"劳动模范型""勤人"校长,常常说:"责任重大,我快累死了。""甩手掌柜型"的"懒人"校长,往往笑而不答,似乎校长就是那么回事,没什么了不起的,要么就是轻描淡写地说:"混混日子而已。"广大人民群众对教育发展不平衡、改革不充分的不满以及教育部门内部对教育教学改革的要求日益提升,需要怎样一支校长队伍呢?显然是后者。尽管后一类校长为数不少,但与建设中国特色社会主义现代化强国的要求差距还很大。那么,"懒人"校长具有什么风格与特点呢?

一、培养人，促进队伍整体提升

学校培养人有别于行政部门培养干部，它需要上接天线，下接地气，层层推进，整体、全程和全方位地培养。这样才能确保教师队伍的整体提升。

1.挖掘潜质。学校每年都会招录一批新教师。应该说，同批招录的教师起点和基础都差不多，而往往三五年后教学水平明显拉开，尽管其中的原因是多元的，但与学校缺乏整体培养规划和任其发展是分不开的。为此，学校首先要制定分类培养教师的梯度规划，如分为新手教师、熟手教师、骨干教师、能手教师和高手教师，使所有的教师都接受接力棒式的持续培养、持续提升和持续发展，预防断档和停滞情况。其次，整合培养资源，因为教师个性纷呈，适宜培养的形式的差异也是比较大的，如果采取整齐划一、齐步走的培养模式，会扼杀教师的个性，抑制教师的发展。因此，要在掌握教师发展方向和原有特点的基础上采取多种培养渠道和方式。如有些教师擅长写作，有些教师擅长上课，有些教师适宜课程开发等，要尽量满足他们这些方面的成长需要，采取针对性培养。可以利用学校已有资源，可以委托培训机构，可以外聘人员和联合其他学校资源等。要在多形式、多阶段和多目标培养中发现、挖掘教师潜质，使每位教师明确方向、明确目标，不埋没人才。

2.岗位锻炼。到底适宜怎样的岗位，到底具有哪些特长，刚走上岗位的教师是比较模糊的，只有通过实践锻炼和投入具体教学工作才能逐步明晰。就拿笔者来说，从小学到师范学校毕业一直偏好理科，是教师、同学公认的典型"理工男"，但哪里知道，工作几年后才发现最擅长教语文，经过努力，四十岁之前就评上了语文特级教师。再如全国著名的语文教师支玉恒，他前半生是教体育的。为此，学校要设立换岗机制，通过多岗训练，让教师明确特长后再定位。其次，为了确保换岗锻炼的稳定性,学校在教师换岗过程中应配备相应的指导教师,有效地传帮带,防止因换岗而带来的不必要的不良影响。同时,还要通过平时观察、业绩考评和自我认识相结合逐步确定适宜的岗位,并且落实岗位锻炼弹性制,可长可短。

3. 团队磨炼。团队合作精神是教师成长和做好工作的润滑剂,也是教师工作的关键要素之一。教师的培养不仅离不开团队精神,更需要有效的团队活动。学校要科学设置团队机制,如分为青年教师、中年教师、老年教师团队,并有明确的责任分工、组织纪律和活动安排;团队之间要建立联谊、合作机制,定期和不定期地开展团队竞赛、团队合作、团队联谊等有益活动,使每位教师都幸福地生活在所属团队、学校团队和校外团队中,创设"我为团队争光,团队为我添彩"的良好氛围。

加速教师培养已经被纳入我国教育发展的新战略,而促进教师有效、快速成长的土壤主要在学校。教师培养上要接天线,下要接地气,让学校真正成为教师成长的沃土。

二、选好人,促进骨干队伍成长

学校骨干是学校的中坚力量。如果说,校级领导由上级主管部门决定,那么对于学校中层,校长还是有比较大的自主权的,在教师民主推荐下,基本上还是能满足校长的选人意图的。一线教师固然重要,但校长意图、学校意图的落实、总结和评价主要依靠的还是学校中层班子。选好中层班子,不仅是落实教育政策和校长意图的保证,也是为学校校级班子做储备。

1. 练人设岗。这里的练人设岗不是"因人设岗",而是确定先上哪个岗位,也就是从教师最适宜的岗位入手练人,然后通过岗位锻炼和轮换实现能力有效迁移。如在考察新教师实践过程中,发现某教师某方面很有特长,可先让他担任适宜的岗位。如上课比较好,可以先让他在指导老师指导、协助下承担公开课和担任学科组长;管理学生比较出色,可担任班主任;组织协调能力比较强,可以让其负责某一方面的工作。笔者曾经两次让毕业才两年的教师担任辅导完小的负责人,他们都干得很出色,真是后生可畏,成长很快,两人三十出头就担任了教育局的中层领导。当下练人设岗的机会和渠道很多,如挂职锻炼、跟岗培训、结对带徒、出国培训等,校长要为教师争取机会、创造时机、搭建平台,在练人设岗上尽量做到"人人有事干,事事有人干",使每位教师在不同的阶段都有成长的机会,在练人设岗中打实教师工作基础。

2. 轮换练岗。轮换练岗,已是公认的培养骨干教师和学校管理者的有效举措。如一个德国公民想成为一名在编教师需要经过四关:第一,顺利考入师范院校;第二,在大学学习四五年后参加国家统一组织的第一次资格考试,此次考试中师范生在大学的成绩占40%,其余60%的成绩由国家教育文化部组织的考试测验成绩组成;第三,入职竞聘;第四,新入职教师必须参加为期两年的上岗培训,此阶段培训为每周在学校工作一定时间,在培训班学习一定时间,培训结束后,参加第二次国家资格考试,考试由课堂教学评定和口试两部分组成,包括一篇论文、两次课堂教学、一次专题报告、三次考试。此次考试成绩将作为新教师续聘的至关重要条件。再如日本教师要成为一名校长必须经历普通教师、教育管理者、学校教头、校长的四级跳,并且每一级跳不仅有严格的年限规定,还要通过严格的笔试、面试、考核,参加与之相关的严格培训,合格者才有资格量才任用。这一遭顺利走下来,也差不多50周岁了。两国之所以能长期保持教学质量稳定有效,我想与他们的教师和校长的选拔机制不无关系。

3. 适宜守岗。尺有所短,寸有所长。不同的个性适宜不同的岗位,有些适宜管理,有些适宜教学,有些适宜研究,有些适宜组织活动等。所以当一位新手成长为老手后,学校要建立一种机制,对教师个性和能力、适宜的岗位分类,尽量满足教师的需求,做到人尽其才,量才适用,让教师在各自的岗位上做出应有的贡献。其次,人是会变的,可能开始适宜某一岗位,而随着岗位锻炼,后来会发现另一岗位更适宜,这是常有的事。针对这种情况,要建立教师成长的长效机制,适时换岗,促进整体发展,并有序往更高层次推进。这个过程中要杜绝走程序,重形式,不管业绩如何,到时就换、就提。要注重守岗业绩与民主推荐相结合,设置多重机会。

岗位练人、岗位育人、适岗用人,教师只有通过多岗位锻炼,才能发现自己的潜质,发挥自己的特长,才能找准自己的定位。为此,一定要杜绝一岗终身的做法,尤其是在适岗定位之前学校一定要提供多岗位锻炼的机会。这也是提升教师信心,培养终身从教信念所必须有的奠基环节。

三、用好人,促进学校良性发展

校长主要承担思想领导、文化引领、决策指挥,要防止既当指挥员,又当裁判员,还当运动员,要善于从具体事务中解脱出来,做好宏观决策和思想、文化引领,发挥好校级班子、中层班子以及全体教职工的积极性,让他们放心、大胆、开心而有创新地工作。

1.敢于放权。校长要学会放权,在学校班子分工中,校长要敢于下放权责,抓好上级明确规定的几项工作,其他的要逐项分下去,如设立主持日常工作的副校长,中层分工要具体明确,校长不插手具体事务。一旦遇到新手,一是通过团队协作,促使其尽快熟悉岗位、熟悉工作,二是采取个别提醒、指导的方法,而不能校长亲自上阵,那样做会挫伤中层的积极性、主动性。

2.推行民主。学校重大决策、重大事务、重大活动要坚持民主决策。一是事先做好全面分析,确定目标、内容、形式,预测问题和困难等,确定初步方案;二是确定牵头人,即确定谁负总责、担任总指挥,其他分工要到位,要积极配合,并由总指挥牵头制定详细的行动方案,然后讨论通过;三是分工协作,建立工作团队,做到不留空当、不留死角、保证细节,确保有序推进。只有做到重大决策、事务、活动公开透明,全校师生有知情权,民主管理才能落实到位。在这个过程中要充分发挥教代会和家长委员会的作用。

3.善于监督。在学校管理过程中,监督至关重要,除了发挥学校党支部、工会、团青妇的监督作用外,校长监督也是必不可少的,往往在关键环节起着扭转乾坤和中流砥柱的作用。为此,校长要善于留心观察、善于走访、善于广泛听取意见、善于发现工作中的细节,有敏感性和预见性,在推进过程中及时修正不足。

4.适时指导。物有所长,人有所短。相对来说校长阅历、经历比较丰富,往往高瞻远瞩,而其他成员也往往由于阅历少、资历浅或年纪比较轻,存在方法不对、经验不足的问题,需要校长出面从思想上、信心上、方法上等给予指点,甚至手把手地指导。除此之外,还要建立与校级班子、中层班子和骨干教师等的谈心制度,通过谈心,了解他们在想什么、对下一步工作的设想、遇到什么困难与困惑,及时伸出援助之手或通过团队力量解决,让所有成员敞开心扉,开心工作。

四、用好人,促进教育深化发展

用好人的关键不在领导权威,而在领导人格魅力的发挥,即通过人格力量影响人、激发人和感召人。首先是校长的品格和能力。校长要有准确把握政治方向的能力,用理想信念动员群众的能力,为下属谋幸福的能力，和谐、安全、美好的人文环境创设能力，对人才的识别、对是非的判断能力，勇往直前的坚定信念，坚如磐石的定力，抵御各种诱惑、欺骗的能力。其次，校长要有用人的胸怀与胆识。要像唐太宗一样做到五点：一是用比自己强的高人；二是用有缺点的人；三是用人之长，弃人之短；四是重用敢讲真话的人；五是用人不讲出身，不搞小圈子。除此之外，具体做到以下几点。

1.尊重下属。信任是相互的，校长更要放下姿态，真心实意、发自内心地尊重下属。校长尊重下属，下属才会真心实意地勤奋工作。尊重不能只挂在嘴上，而要落实在行动上。一是广泛听取下属的意见、建议。凡是对的、好的意见、建议，及时采纳并落实，让对方看得到。二是遵守民主决策程序。学校长、中、短期发展规划，学校规章制度、学校章程、学校环境布置与文化设计，即"三重一大"（"三重"指重大事项、重要项目、重要干部任免，"一大"指大额度资金使用）要民主决策，做到透明、公开。三是在工作作风、生活作风、组织纪律上严格尊重民意，努力树立"大家听你，而又不怕你"的校长形象。

2.善于示弱。校长权威的树立，关键不在权力因素，主要依赖非权力因素。其中，善于在下属面前示弱，是领导艺术的表现。一是善于让下属设计方案。学校的重大项目决策前，要鼓励下属为学校设计方案，这样才能集思广益，发挥每个人在方案设计中的智慧。二是善于做到谁对就听谁的。校长的智慧和精力是有限的，在遇到问题与困难时，首先要聆听群众的建议和意见，做到谁说得有道理，谁说得对就听谁的，通常有三种情况：一是好的方案整体采纳；二是存在缺陷的方案集体修改后确定；三是需要创新的方案，广泛征求"金点子"，整合后确定方案。

3.适机推荐。人都是渴望进步的，渴望提拔，争取上新台阶，这是积极要求进步的表现。为此，校长要因人而异，善于向上级、向兄弟学校,甚至向社会推荐学校的管理和教学人才,使各类人才和有特长的教师在校长的推荐下获得机会,能力得到彰显和发挥。如向上级主管部门推荐校级领导和中层干部;向各级教研部门推荐教学能手;向社会推荐艺术、特长能手;通过多渠道宣传学校先进人物和事件;采取多种形式促进校内、校外和社会各界的交流,为教师创造展示才华、对外交流等机会,充分挖掘教师的潜质,促进教师快速、有效成长。

校长管理学校,不在于校长本人干多干少,重在校长管理之"魂"作用的发挥,即是否渗透到学校的方方面面,是否深入每位教职工的心坎,是否转化为全体教职工的自觉行为。如有些校长专心搞学术,有些校长一年到头都在外面讲学、交流,学校照样快速、有效、持续地发展。"懒人"校长,并不是什么都甩手不管,而是着力点不同而已,重在考虑学校的办学方向、办学特色、教师管理、学生成长等。人有远虑,才无近忧,他们并不比亲力亲为校长轻松。

一直遭坊间诟病的明朝万历皇帝朱翊钧,就是一位典型的"懒人",而正是由于他的"懒"才造就了张居正主导下实行了一系列的改革措施,社会经济持续发展,对外军事也接连获胜,朝廷呈现中兴气象,史称"万历中兴"。朱翊钧的"懒"并非无奈之举,而是有意为之,他很清醒,官员都是考试选拔上来的牛人,其能力、智慧超过皇帝是正常的,皇帝若过于勤政,恰恰是班门弄斧。皇帝懒政是聪明,是对大臣的信任。朱翊钧在位48年,创造了明朝在位最长纪录,要是他自己事无巨细,爱折腾,说不定早就挪窝了。由此推之,"懒人"校长把工作甩给下属,并不是真要偷"懒",而是比亲力亲为校长专注于更有价值的事情,这才是"达人"校长。好校长没有标准,看的是效果,看的是结果。"懒"的"达人"校长是一种高境界,也是从"勤人"到"懒人",再到"达人"不断努力和修炼的结果。

参考文献

[1]傅登顺.新教师培训结业典礼讲话稿[J].教书育人,2017(02):16—17.

[2]傅登顺.造就校长的三项修炼:体验—体贴—体察[J].教书育人校长参考,2014(08):46—47.

[3]阮直.懒人可能是达人[N].报刊文摘,2018—3—16.

校长管理学校的类型

"一个好校长就是一所好学校","有什么样的校长就有什么样的学校",其实事实上不是那么回事,这种说法无非是为了强调校长的重要性。在很大程度上校长队伍素质决定我国教育改革与发展的前途,决定素质教育与创新的命运。到底怎样的校长才是现阶段最理想的校长呢?人们通常把校长分为行政指令型、学者型、社交型、职业型。那么校长对学校的管理是否有规可循、有类可分呢?我认为当前校长管理起码可分为下列三种类型。

一、制度 + 控制

这类校长把制度作为管理的首要因素,以达到控制的目的。以控制为主要管理手段的校长,其确立的制度主要是为了限制、约束、统一师生的行为,具有很强的刚性,并且以处罚为主要内容,以定量评价为主要形式,使师生对制度产生敬畏。一旦制度起不到控制师生行为的作用,校长就容易凌驾于制度之上,随意做出决定,如扣发奖金、福利,限制晋级、评职称、评优等,故意给教师设置一些人为障碍,迫使教师就范,从而达到进一步控制教师的目的。比如规定教师每周要上交 8000 字的手写读书笔记,并列入教师的考核内容。这种校长随意做出的决定,教师会积极完成吗?对教师终身学习有效吗?恐怕未必。

对于这类管理我们不能全盘否定。在一些学校,它对于稳定学校与提高管理效率有较大作用。但这类管理容易引发管理者与被管理者的矛盾,且师生普遍感到压力过大,存在不安全感。

二、开发 + 挖潜

这类校长把教师看作一种资源,相信教师有很大的潜能,把教师当作一种可塑之物。开发潜能是新课程改革的重要目标之一,许多学校的发展蓝图中都提到"办一流学校,建一流师资,争一流质量"。但有几点还是必须引起人们注意的:确定一流目标还是要从学校的实际出发,眼高手低容易坏事。其次,教师是一个成人群体,已经错过了最佳的可塑期,对教师挖掘潜力抱过大希望也是不现实的。另外,要注意挖掘潜力不能光靠加压这一手段。希望这类校长循序渐进,给师生更多关爱。"争第一"事实上只是少数具备条件的学校的事。更多的学校应该考虑的是责任、学生和教育,是从学校实际出发,该干什么,能干什么,能干好什么。

三、鼓励 + 学习

"不经鼓励不发奋,不肯学习不进步。"这是永远不变的真理。作为管理者,校长千万不能忘记师生首先是人。校长首先要相信人,尊重人,善于引导人,并要发掘人、培养人,实施人文管理。要鼓励教师学习,让教师把注意力集中到学习上。要构建学习型学校,创建学习型组织,以学习促提高、促发展、促工作、促管理。"鼓励 + 学习"是一种民主、宽松、和谐的人文管理类型,最容易激发师生的创造性,是管理的最高境界。

以上三种典型的管理类型,在不同地区、不同学校、学校的不同发展阶段,都起到稳定和发展学校的作用。具体到某所学校也很难分出好坏。但我认为在管理效果上是有明显区别的,即教出来的人的素养是不同的。三种不同的管理类型在很大程度上反映了一位校长的成长轨迹。希望我们的校长以科学的发展观来认真审视学校管理,努力提升管理的水平。

尾声

教育行的是道德之途,教育者必须做合乎道德之事。校长投机取巧、阳奉阴违、推卸责任、不务正业、自私自利、加重学生负担等有悖教育规律的行为,都是在借道德之途做不道德之事的。教育者的道德问题是教育不正之风产生的重要原因之一。校长应该是学术之长、诚信之长、美德之长。推进素质教育,深化教育改革越来越需要一支有德行的校长队伍引领广大教师行道德之途,做合乎道德之事。这是校长们必须坚持的正确方向。这在一定程度上要求我们的各级教育行政部门在校长人选的确定上要以德为先,选择有德之士,只有这样才能造就一支德才兼备的高素质校长队伍,改变校长素质参差不齐的现状。办好一所学校要几代人,毁了一所学校只需一个人;办好一所学校需要几十年,毁了一所只需半年。

(发表于《浙江教育报》,后被《中国教育报》转载)

造就校长的三项修炼：
体验—体贴—体察

【摘要】 造就一支德才兼备、善于管理的中小学校长队伍，在深化教育改革中起着关键作用，然而多年来校长的培养和选拔各自为政，没有相对统一的标准和模式，校长队伍参差不齐，这与校长成长过程中专业历练不到位有关。校长培养和成长过程中体验是基石，体贴是核心，体察是关键。

【关键词】 造就 历练 体验 体贴 体察

我国中小学校长队伍呈现多元态势：从管理风格上分，有激进型、稳重型、创新性、保守型；从个人特质上分，有指令型、社交型、学者型、职业型；从年龄结构上分，有刚走上工作岗位两三年的（多数为高学历者），也有临近退休或退休留用的……多元社会需要多元校长与之匹配，也符合我国教育全面深化改革的精神，这本身是好事，而事实上出现的是明星校长"此起彼伏"，特色学校"另起炉灶"，校长岗位"上蹿下跳"等，影响了校长队伍的稳定和教育改革的深化，其中的原因值得深思。

一、体验是造就校长的基石

一个人的成长离不开环境、机遇和自身努力，校长也不例外。据考证，日本的公立中小学校长年龄多数在50岁以上，而且绝大多数都是从现任的学校教头（相当于副校长）中通过晋升校长的考试与考核后，选拔任用的。而晋升教头职务，必须具有14年以上的教育工作经验，年龄在37~50岁之间，工作表现出色的才有资格参加教委举行的选拔考试。笔试合格后，还要进行面试和最后审查，全部通过后，在被任命为教头之前，还要参加教委举办的职前培训。担任学校教头职务5年以上，并且年龄不超过54岁才有资格参加晋升校长职务的考试。而晋升教头职务之前必须担任教育管理职务。普通教师只有年龄在33~42岁之间，有7年以上教育经历，才有资格报名参加教育管理职务的晋升考试。考试分笔试与面试，考试合格者即进入为期5年的教育职务候选者考察期，在此期间教育委员会将有计划地安排其在不同岗位上担任一些行政工作或作为学校的骨干教师，并为其提供到国内外的相关机构进修和参加教委举办的各种有针对性的进修活动的机会，在考察期结束后，经教委任用审查委员会对其进修情况、工作业绩等进行综合审查后，量才任命为学校教头或教头级的指导主事。在日本，教师要成长为一名校长必须经历普通教师—教育管理者—学校教头—校长的四级跳，而且每一级跳，不仅要通过严格的笔试、面试、考核，还要参加与之相关的严格培训，合格者才有资格被任用。走完这个过程而诞生的校长年龄自然不小。在国人看来，日本对校长的培养过程和选拔要求太苛刻，缺乏灵活性。可能正相反，由于有了这样一套看似死板、苛刻的校长培养和选拔机制，造就了高素质的中小学校长队伍，才使日本的基础教育居于世界领先地位，这一点很值得深思与借鉴。

目前我国中小学校长与日本中小学校长相比更加年轻，更加有个性，充满闯劲、干劲，本应该更有所作为，然而事实上"胆大校长""糊涂校长""滑头校长"时有，庸、懒、散等情况还比较严重，这在很大程度上冲击着校长队伍素质的提高与稳定。那么原因何在？我们可以从日本的校长培养和选拔机制中得到启示,日本校长培养程序完整,一步一个脚印,使被选拔者在所有的学校管理岗位亲力亲为,全方位地走了一遭,可谓体验颇深。笔者认为,学校管理有其特殊性,有别于行政和其他部门的管理,更需要"内行管内行";基础教育是国家的基础工程,直接关系到国家的前途和命运,更需要深沉历练者来掌舵。日本校长培养和选拔的最大特点是把校长历练成"管理内行"的高手,这样培养出的校长才可能为学校发展制定更长远的规划,在岗位上"稳坐钓鱼台",在管理中做到"游刃有余"。

我国校长对学校管理岗位普遍体验不足、体会不深。何为"体验"?"以身体之,以心验之",指的是自我体认万事万物。培养校长的过程就是使其对教育教学、学生以及相关的管理产生丰富的感受、认知和情意的过程。有了这些感受、认知和情意,校长才会有经验基础、对话平台,形成独特见解,从经验深入到规律,上升到理论。体验是造就校长的基石,就像学驾驶一样处在熟悉车辆性能的试驾阶段,但体验只是造就校长的初级要求,只有体验容易"踩错油门,换错档位,酿成事故"。

二、体贴是造就校长的核心

体贴与体验不同,体贴是换位思考,是从他人的角度设身处地去感受,去体认。教育是人的教育,离开了人,教育就没有存在的意义。教育需要情感的投入,需要管理者与被管理者的情感互动,需要细致入微。学生和教师是有感情、有思想、有个性、有梦想、有追求,而且也会犯错的庞大群体,需要用情感去接近,用体贴去融合。此外,要从教育规律出发,从学生成长、教师提升的需要出发,体贴学校中的人、事、物以及其复杂关系。

一是体贴规律。教育规律隐藏在教育现象背后,并不断变化着,学校管理者要遵循、探索规律,而不是违背规律,一旦出现事与愿违,要从规律上找原因,努力改进工作中的不足,这是体贴教育规律的正确态度。二是体贴学生。学生是一个具有个性的群体,也是成长中的群体,他们来学校学习的目的就是在学校的引领、呵护、教育、训练下健康成长,成长为社会需要的合格公民。体贴学生的关键就是教师和管理者要有"童心"(心向学生),在尊重学生的前提下,走进学生的内心,真正了解学生所思、所需、所求。三是体贴教师。教育大计,教师为本,校长在调动教师工作积极性的同时,更要体贴。首先要学会尊重教师的劳动,肯定他们取得的成绩,经常与教师谈心、交换意见;教师有了困难,要主动伸手援助;要设法减轻教师的心理负担,设立教师心理咨询点,组织教师参加心理健康培训;为教师创设学习、培训的机会,使教师在工作岗位上有不断学习与提升的机会;为教师创设舒适的人文与工作环境,使教师轻装上阵、尽心尽力而为。四是体贴家长。随着社会的文明进步,家长对教育的期望也水涨船高,学校处理好与家长之间的关系显得越来越重要。而现实中绝大多数家长是非教育专业人员,他们对教育的理解往往凭经验、凭感觉,往往会站在自己的角度,误解教师和学校的一些做法,这一点教师和学校要理解,通过主动沟通与体贴来化解,原则问题上不能"迎合"家长而应该"引导"家长,如设定家长开放日、设立家长咨询室,畅通与家长沟通的渠道,使家长了解学校、了解教师,同时校长、教师要熟悉家长,了解学生家庭,保证家长与学校信息的无缝对接,齐心协力教育好孩子。同时,还要体贴国家和政府,激发正能量,虽说"政府对教育投入再多也不为过",但教育的发展还是要从社会实际出发,分步实施,过于一厢情愿对教育发展是不利的。

体贴以情感为纽带,对教育教学不同岗位有了长久的体验,必然会对教育教学和学校管理产生感情。日本之所以把培养校长的战线拉得那么长,与培养感情、促进从体验向体贴转变不无关系。体贴,犹如主人爱车如亲人,到了摸清脾气、协调配合的程度,才能运用自如,一路畅通。

三、体察是造就校长的关键

体察,指的是超越自我和他人具体体验的视角,站在整体的高度审视人、事、物、情、意、理,比体验、体贴更理性,更具全面视野。在学校管理中,校长不仅要调动自身的体验储备,也要体贴其他人,更要跳出具体的所感所悟,摸索事物的规律,从整体上把握学校管理的规律、重点和方向。由此可见,体察是学校管理的"天眼",主要任务是使感情和理性得以超越,得以升华。一名好校长必须具备较高的体察能力,只有这样学校的发展目标、管理制度、文化建设才是高瞻远瞩、脚踏实地、切实可行的。

要注重三点:一是学校发展目标的现实性。现实性主要指当地社会、经济发展状况与教育发展的水平以及国家教育发展的总目标三者之间吻合,遵循国家目标是明智,符合当地现实是良策。学校发展要从原有基础出发"仰望星空,脚踏实地",务实创新。二是制度的配套性。制度即规章、规矩、规范,制度除了要有严肃性之外,还要有配套性和可行性,目标需要制度来保障、落实与推进,制度建设上要遵循、下要保底。所谓"上要遵循"就是落实好党的教育方针和有效推进素质教育,制定学校中长期发展规划,促进教育现代化发展。"下要保底"主要是促进学校快速发展,促进教师专业成长,促进学生健康发展,同时还要有利于促进社会的稳定、发展与改革。三是文化建设的价值性。学校文化建设说到底就是人生观、世界观和价值观的构建,因此要杜绝校园文化建设的功利性、肤浅性和随意性,杜绝过分的"无中生有"。学校文化建设需要渐进式的积淀、深厚的底蕴和对潜能的开发,需要几代校长共同努力。

校长对学校管理的体察,不能满足于上任前的积淀,更需要上任后的磨炼。因此,走上校长岗位后,不可以对学校工作事无巨细,而要实现由学校管理的执行者向学校管理的决策者、指挥者和评价者的角色转变,成为学校的领袖和灵魂。体察中的"察"是指仔细看、调查。因此,校长要善于观察,要做好调查研究,做到"看云识天气",要经常观察,从学生、教师、家长中了解学校出现的新情况、新动向、新问题以及遇到的新困难,及时掌握学校发展的需求和软肋,并做出相应的决策。同时要抬头远望,放眼世界,了解和研究国家有关教育发展的大政方针,了解和研究全球教育发展新潮流、新趋势,了解和研究省内外兄弟学校的一些新变化、新举措;紧跟形势,促进学校又快又好发展,汲取经验,指定纲领,调整策略,抓住新机遇,采取新举措,使学校在发展道路上快速平稳地前进。衡量驾驶技术的主要指标是驾驶员驾车过程中的匀速程度,要做到驾驶过程中不踩刹车并匀速行驶靠的是观察能力,要提早发现可能出现的意外情况并及时避开。因此,校长在学校管理中要学会眼观六路、耳听八方,估计准确,操纵自如,使学校驶向理想的彼岸。体验、体贴、体察,是不同的感受境界。校长的历练过程往往也是从体验开始逐步走向体察,三个阶段是合在一起的,只不过某个阶段某方面更突出而已,因此不能按部就班地推进。

当然,日本有日本的国情和文化,它的校长培养和选拔体制只能当作一种有益的参考,但是要相信,随着我国校长队伍专业化的推行和完善,校长体验、体贴、体察的历练将是必不可少的,途径肯定也是多元的。

参考文献

[1]王少华.论校长领导力[J].中小学校长培训,2013(8):24—27.

[2]李维生.对校长任期制的思考[J].教学与管理,2013(8):8—9.

[3]张再林."体贴"——中国传统文化的真正特质[J].民办教育研究,2010(6):1—4.

[4]阳泽.以体贴的方式讲道理[J].中小学教师培训,2011(7):10—12.

[5]李凤云.让爱为成长导航[J].中小学心理健康教育,2011(3):15.

(发表于《教书育人 校长参考》2014年第8期)

校长管理的"距离"艺术

绝大多数中小学校长都是从优秀教师中选拔,并通过有针对性的组织培养而产生的,因此,校长的第一角色应该是好教师。学校工作千头万绪,涉及贯彻执行教育方针政策,协调与其他相关部门的关系,取得社会、家长对教育的理解、配合与支持,因此,校长又要扮演协调员的角色。为了促进学校长足发展,校长需要为学校创设良好的外部环境,给学校留足发展空间,要抢抓机遇,迎难而上,因此,校长要扮演创业者的角色。校长要处理的关系复杂,要想在工作中从容自如、沉着应对、取得佳绩,就必须掌握"距离"艺术。

一、有距离,确立校长威信

一位好的校长必须具备四种素质:先进的教育思想、崇高的道德品质、卓越的管理才能、高超的教学水平。一名好校长在能力与素养上与一般教师相比都需要高出一截,与其他部门工作人员相比需要体现出较高的教育管理的专业性,否则是不能胜任的。因此,校长需要在工作中发挥距离优势,以树立威信,并有效调节各种关系,增强执行力。

1. 来自教师,高于教师

校长与教师之间的距离,其决定因素不是权力,也不是待遇,而是其先进的教育理念、高超的管理能力、扎实的教学基本功、出色的人格魅力。如校长要有先进的教育思想,校长应该比教师学得更多、学得更勤、学得更早,准确把握教育改革与发展的方向,并且在亲力亲为的实践中修炼出对教育的个性理解,形成行之有效的先进的教育思想。校长应该有崇高的道德品质,表现为有强烈的事业心和使命感,有无私奉献的精神,有仁爱之心和清正廉洁的自觉性。校长应该有卓越的管理才能,表现为识势善谋、知人善任、游刃有余。校长应该有高超的教学水平,既是教育专家又是生活中的杂家,在教学科研上既是旗帜又是阶梯,在育人工作上既是学生的知己又是家长的朋友。校长应该有深厚的人文素养,不断提升自己的知识储备,不断丰富自己的人文素养,不断提升自己的涵养。"距离产生美",如果校长与教师处在同一起跑线上就没有什么距离可言,既谈不上有威信,也不可能管理好学校。因此,校长一定要在工作中努力拉开距离,尽快走向成熟。

2.引导为先,迎合为后

政府部门领导及其工作人员,虽然了解教育,但不可能都熟悉教育;虽然关心教育,但不可能都能指导教育;虽然喜欢教育,但不一定都会研究教育。虽然社会各界人士和家长都接受过教育,但不一定能抓住教育的本质,为教育提出更多合理的建议。针对这种情况,校长需要立场坚定、旗帜鲜明,不无原则地迎合一些"非教育""浅教育"的要求,甚至容忍他人的"瞎指挥"。校长应该站在教育专业的立场,有节有度地将社会和家长的认识引导到教育科学发展的轨道上,为教育创设良好的外部环境,形成教育合力。一是做好教育引导工作,如学校出台相应的管理制度和教学改革要求,首先要向社会、家长通报,让社会、家长不仅知其然而且知其所以然;公布学校的办学理念、发展目标、发展规划和采取的具体措施,促进社会对学校工作和发展理解和支持。又如学校发展离不开政府的支持、相关部门的配合、社会的响应,为此,校长要不厌其烦地向政府、相关部门和社会通报、解悉学校发展对促进当地经济和社会持续发展的意义,取得政府相关部门与社会对教育优先发展的支持。二是做好适度迎合工作。有人说过"教育怎样投入都不为过",话虽这么说,但教育优先发展要以当地经济与社会发展为基础,校长要学会在引导的基础上迎合,多些理解、妥协,从实际出发制定学校发展的中长期规划,做好政府的参谋,在处理矛盾中充当润滑剂。

总之,校长一味地引导和无原则地妥协都是不可取的,容易误入歧途,"太牛"与"太软"都不可能有所作为。校长既是指挥家,也是战略家,拉开与教师的距离,是为了更好地走向专业化之路,使学校的大船驶向教育的理想彼岸。

二、等距离,把握管理关键

校长要跳出原有思维的禁锢,做好"补差对待"和"扶助弱势"工作,努力缩短学生与学生之间、教师与教师之间的差距,促进学校整体健康、可持续发展。

1.合理补差对待

合理补差对待,主要是指对那些生长于较不利社会和家庭环境中的学生应给予"不平等补偿",也就是赋予一些特殊群体"合理的差别对待"。如,目前已经实现了外来务工子女同城同待遇的入学政策,但是,这些学生随父母常年在外漂泊或在家留守多年后才被接到城里,之前接受不到良好的教育,如学前教育空白、家庭教育有缺陷、在留守和漂泊中养成一些不良习惯等,尤其是存在与生俱来的自卑心理。对这类学生,首先要全面摸底,建立特殊档案,如出生地的风俗习惯、跟父母漂泊的经历、家庭情况、原有受教育程度等,做到有的放矢;其次采取相应的对策,如班级的安排、教师的配备,甚至座位安排与同桌配对都要考虑周全;再次成立帮扶机构,如生活照顾、放学后的托管,成立"补差对待"工作小组,建立教师与学生、学生与学生的结对机制,以最大限度保证不丢下一个孩子。除了这一群体,还有贫困生群体、生理上有缺陷群体、特质学生群体、复杂家庭背景群体等,都必须有相应制度、对策和预案。

2.扶助弱势群体

如果说,合理补差重在观念指导,那么扶助弱势群体则重在行动落实。对待学校师生中的弱势群体,要做到重在扶持与区别对待相结合。如设立贫困家庭学生资助基金,搭建贫困学生、外来务工子女学生、学习困难学生成长、发展的平台;为他们专门设立激励、奖励办法,适当降低对这类学生的要求,成立"扶助弱势群体"研究小组和帮扶团队;开通与这类学生家长的联络专线,不定期与家长取得联系;为这类学生专门开设生动活泼的系列活动,努力消除他们的自卑心理,帮他们培养积极的人生态度和自强自立的精神,做阳光少年。学生中的弱势群体要扶助,教师队伍中同样存在弱势群体,如收入低、家庭负担重,体弱多病,年龄偏大、教学方法陈旧,教学能力差、不能胜任教学一线工作等。有些需要经济资助,有些需要工作照顾,有些需要培训进修,有些需要安排适宜的岗位,这是多数学校的教师队伍现状,也是多数校长长期面对的问题。因此,校长要在让所有教师都有所发展、有所提高的基础上突出重点,穿插进行,对不同类型的教师采取不同的方法与态度,安排适宜的岗位,调动所有教师的积极性,量才适用,使他们各尽所能、有所作为。

"合理补偿对待"也好,"扶助弱势群体"也罢,都是为了缩小他们与正常群体之间的距离,缩小因距离过大而产生的内耗。这不仅是校长"等距离"对待所有师生的前提,也是一项校长必须坚持的工作。只有做好上述两项工作,"等距离"才真正有意义。正如古罗马哲学家西塞罗所说:"让我们记住,公正的原则必须贯彻到社会的最底层。"

三、零距离,彰显人文素养

如果说,"有距离"是校长职位使然,"等距离"是工作性质决定,"零距离"则是人文情怀的体现。校长主要得做好人的工作,设法调动师生的积极性,所以校长的亲和力和示范作用至关重要。

1. 人格平等的观念

校长在学校管理中主要面对的是三类群体:中层班子、教师和学生以及家长。学校中层班子在学校管理中起着上传下达的中介作用和监督、落实的指导作用。发挥中层班子的作用非常重要,重点要贯彻好"放权、民主、监督、指导"的八字方针。所谓放权,就是明确中层人员职责,校长将管理的权限下放给中层人员,要求他们分工不分家,亲密合作。所谓民主,就是学校管理重大决策与重要事件要逐一传达到所有中层人员,并在充分讨论的基础上集体决策。所谓监督,就是校长要对中层人员在工作中履行职责的情况随时监督,必要时协助落实,确保按时足额完成。所谓指导,就是对中层中个别能力不足、工作起来有困难的新手,校长要及时给予指导、帮助,使他们在实践中逐步走向成熟。对待一线教师,校长要经常深入课堂、办公室与教师沟通、交流,谈心内容不仅是教学上的,也要包括家庭、生活和个人需求与想法,随时掌握一线教师的思想动态、工作情况和生活状况。与学生及家长的交流、沟通在学校管理中非常重要,是及时了解情况、改进工作方法、解决各类矛盾的主渠道。因此,校长要设立学生与家长信箱,建立学生与家长接待日,实行学生与家长意见、建议响应制度,如开展"学生一日校长""家长一日教师"等活动,实现学校与家庭无缝对接。通常我们所说的师生平等是有前提的,师生平等主要是指思想上、态度上和人格上的平等,尤其是校长与教师、学生、家长间人格是平等的。校长一定要遵守人格平等的原则,充当好服务角色,运用好工作的辩证法和管理艺术。

2.同舟共济的示范

教师反感的校长主要有三类:一是高高在上,一言堂;二是以己为本,自私自利;三是不讲诚信,朝令夕改。教师期待与敬仰的校长是以身作则、民主公正、大公无私、清廉为校的校长。因此,校长要善于洞察教师的情绪与期待。校长要从学校、教师、学生出发与教师同舟共济,率先垂范,做到关键时候站得出,困难时期耐得住,有机遇时抓得住,艰难时刻挺得住,让教师放心、学生放心、家长放心。如在学校重大事故和事件面前,校长要第一时间到场;学校发展出现瓶颈前,校长要未雨绸缪,潜心研究,及早破解;学校快速发展时,校长要大胆呼吁,努力改善教师待遇和提高其社会地位;当学校发展处于低潮时,校长要满怀信心;在成绩和荣誉面前,校长要主动放弃,不与教师争功劳、抢荣誉,与教师同舟共济,共谋发展。榜样的作用是无穷的,尤其是校长的榜样作用最能激发学校的正能量。

校长管理艺术是多元的、综合的、人文的。校长管理学校的艺术也是难以捉摸的,需要因时因地因校因人而异。校长只有潜入学校具体环境的深水中,才能探索出管理艺术的奥秘,并努力为促进学校发展领航。

(发表于《教学与管理》2014年第11期)

论新建中小学校校长的三重权变

【摘要】 随着我国城镇化的快速推进,新建中小学校如雨后春笋般拔地而起。那么,新建学校首任校长到底该是一个怎样的角色,是摆在教育行政部门和新建学校校长面前的亟待研究和解决的问题。尤其是新建学校校长的权变策略,它是校长角色的核心。要努力做到集权迈好步,放权组团队,民主创和谐。

【关键词】 新建学校 三重权变 集权 放权 民主

随着我国城镇化进程的快速推进,一座座新建中小学校如雨后春笋般拔地而起。随着新建学校数量攀升,如何选定新建学校校长人选,成为教育行政部门亟待研究的问题;如何从新建学校实际出发,有效地促进新建学校的发展,成为新建学校校长亟待解决的问题。下文就新建学校校长管理学校的三重权变谈点看法。

一、集权迈好步

新建学校校长类似于新组建部队的首任首长,其个性将直接影响军容军貌和战斗精神等。新建学校校长如果缺乏思想、个性和魄力,是很难把一所新建学校办出特色的。为此,教育行政部门要从各个新建学校的特点和实际出发,慎重确定校长人选,让有思想、有魄力者上,杜绝按部就班的老好人、不温不火的温汤水。

1. 首任校长是学校的顶层设计者

新建学校,首先要有明确的办学思路与办学目标,而首任校长就是学校顶层设计和长远规划的组织者、策划者、落实者,思路不清晰、能力不强者是难以胜任的。学校的顶层设计与长远规划,要从宏观上把握,其内容包括办学思想、办学目标、校园文化、办学特色、学校章程、学校制度、学校课程、与外界合作等。新建学校如同一张白纸,从零起步。画好这张蓝图,是校长的首要任务。设计美好蓝图的主动权主要掌握在校长手上。当然在设计蓝图过程中要深入调查研究,吸收多方资源,广泛征求意见。而最终学校蓝图还是要出自校长之手的。为此,教育行政部门要敢于放权,发挥校长的主观能动性,这样"百花齐放,百家争鸣"的新建学校才会不断涌现。

2. 首任校长是教师队伍的组建者

百年大计,教育为本,教育大计,教师为本。首任校长是学校教师队伍组建者。对校长来说,入职新学校既是机遇,也是挑战。哪位校长不在组建精干教师队伍上动脑筋、花精力?所谓机遇,就是校长能从学校定位出发,把握挑选老师的主动权。所谓挑战,就是怕顶不住来自多方的压力而不能自主,不能如愿。在教师招聘中,教育行政部门要敞开胸怀,给校长指标、标准即可,至于校长怎么招聘、招聘谁,尽量不要干预;校长要有顶住压力的勇气,敢于落实自己的主张,同时公开招聘,招聘过程要透明、公平。

3. 首任校长是校园环境的布置者

校园环境代表学校的社会形象,蕴含办学思想、理念、风格、特色,会引起广泛的社会关注。校园环境要有文化品位、典雅的风格。在校园环境上校长要肯动脑筋、有自己的主张,做到不迎合、不抄袭、不模仿,有新意、有创意,而且不浮夸。学校环境还要注重熏陶、感染等育人作用,突出仪式感、舒适感。如有的校长的办学主张是

"把每件事都做到底",那么他布置学校环境,就会从学生的学习、生活、运动、休闲等需要出发,方方面面都体现"把每件事都做到底"的思想。

万事开头难,新建学校校长要做的事情千头万绪,既要考虑当下,又要思考未来,责任重大。在起步阶段,校长要集权,用自己的理念说服他人,方便推进工作。踏实地迈出的第一步,是学校持续发展的首功。

二、放权组团队

如果新建学校的顶层设计、教师队伍组建、学校环境建设都到位了,这时校长就要思考和落实下一步工作重点,即由集权向放权的逐步推进。创建学校管理班子是这个阶段的核心工作。学校管理班子包括学校副职和学校中层,是落实学校管理的核心层。创建学校管理班子,来不得半点马虎,也是学校工作迈向正轨的前提。

1.选好管理班子

一般情况下,对学校管理班子的组建上级主管部门不会过多干预,但校长不能膨胀,要慎重地贯彻选人主张,不为人情世故所左右,不被社会关系冲昏头脑,要不惜精力做好人员配备。如果管理班子人员选不好,创建团结奋进、具有强大战斗力的学校管理班子就会成为一句空话,会给当下和今后工作带来很大的负面影响,直接影响学校发展和声誉。新建学校在起步阶段往往能引起人们关注。首先要因岗选人,也就是人员素质要与岗位职责相匹配,如分管学校教学和德育的副校长,就需要具有一定工作经验和管理能力,不能招新手。中层班子最好招聘有事业心、有奉献精神、有特长、有干劲、积极进取的年轻人。为了招到合适人选,在确保任人唯贤的前提下,可以用人不避亲,同学、朋友也无妨。

2.培养管理班子

新建学校管理班子人员组合显然很重要,但他们往往来自五湖四海,相互是陌生的,就连校长也不完全清楚。那么,如何让他们尽快熟悉,形成凝聚力,并组建团队呢?

一是校长要多观察、多监督。校长要勤观察、勤巡视、勤过问、勤了解、多监督,听取师生的反馈,从正面和侧面了解学校管理班子工作状况,做好萌芽提醒和结果提醒。所谓萌芽提醒,是指校长凭经验和所了解的情况,对可能会发生的不利情况进行提醒。结果提醒是指依据管理结果,提出需要改进的地方。

二是校长要多指导、多示范。新组建的管理班子中难免有新手,尤其是中层,而老手面对新环境也会有不适应的问题。校长是学校的法人代表,是第一责任人,要主动承担责任,指导管理班子哪些方面要预防、哪些需及时采取应对措施、该采用什么方法和手段等,手把手地指导,促进班子成长。

三是校长要多协调、多交流。新组建的管理班子,不仅人际关系需要协调,工作关系更要协调,在生活上还要多关心。当好协调者是校长的重要工作。如做好相互介绍、组织好聚会、做好分工、搭建交流平台、协调好工作关系,使整个管理班子尽快彼此熟悉、经过磨合形成凝聚力。

3.用好管理班子

一是强化岗位锻炼。组织活动是用好班子、锻炼班子的极好途径。首先,组织活动要轮流坐庄。轮到哪个部门,就由哪个部门全权负责,其他部门做配合。其次,做好活动方案设计。兵马未动粮草先行,活动方案很重要。轮到哪个部门坐庄,就由哪个部门设计活动方案。方案要详尽、具体、可操作性强。活动后要及时总结、反馈,积累经验,总结教训。轮流坐庄的好处是能保证人人得到锻炼和提升。

二是班子民主决策。校长要定期或不定期召开管理班子专题工作会，重点做好三方面工作。首先是汇报近期工作以及取得的成绩。其次是相互点评，重在指出不足。最后是对下一步工作提出设想，供集体讨论。通过专题工作会的形式规范工作，锻炼管理班子成员，促进其把主要精力用于工作，形成心往一处想、劲往一处使的管理团队。

三是加强相互监督。信任不能代替监督，管理班子成员间的相互监督，能减少管理中的失误。所以，学校要完善相互监督体制，校长也要带头接受其他班子成员的监督，起到示范作用。监督不能讲起来重要，做起来次要。要规定监督时间、监督内容、监督细节、监督记录、监督反馈和监督后的整改。心底无私天地宽，监督不是挑刺，不是不信任，而是为了更好地工作，提高工作效率，通过相互监督提高管理质量，从而增强班子的凝聚力。

由集权转向放权是校长权变的第一个过程。放权推进到哪一步，要以管理班子成熟度为依据。集权向放权的过渡，不易操之过急，这也是对校长管理智慧的考验。

三、民主创和谐

民主管理是学校文化的重要组成部分，和谐、民主、文明的校园是学校的理想追求。学校民主管理需要由校长精心打造。尤其是新建学校的校长，在学校创办之初就要有牢固的打造民主管理的思想、规划。学校民主管理要从学校组织文化入手。学校是人员集聚的场所，处理好人与人之间的关系，调动人的积极性是最重要的。

1.做好分工和责任传导

学校管理的大忌是分工不明，民主管理的首要工作是课务分工与责任传导，从而增强教职工的主人翁意识。新建学校的一个很大的优势就是几乎没有需要照顾(除特殊岗位外)的对象,这给了教务分派极大方便。

一是做好总工作量统计分析。学校教职工的课务分配是一件非常重要的事,往往关系到该学年的教学质量。新建学校教师相对年轻,又处在对学校的观望期和与同事的磨合期,因此课务分配要慎之又慎,不能出纰漏,不能留隐患。

二是做好分工,明确职责。也就是学校要明确岗位职责,要事先制定好岗位职责细则,一开始就让教师明确该做什么,该怎么做,该承担怎样的责任,同事之间、学科之间、教学与管理之间该怎样配合等。因为区域不同、校情不同,各个学校的要求也会不一样。

三是做好责任传导,组织好活动。除了教学工作之外,完成上级部门要求组织的活动也是学校工作的重要组成部分。活动举办的水平往往体现学校师生的面貌,代表学校的整体形象。活动涉及面广,组织要求严密,责任传导到位至关重要。责任传导要到岗到位到人,做到人人有事干,人人会干事,人人把事干好。总之,合理分工的根本目的是"人尽其才,物尽其用"。

2. 增加透明度,扩大知情权

校长对教职工的监督要有正确的认识、肯定的态度。不怕监督、欢迎监督的前提是做事公平公正、合情合理,经得起监督是学校管理透明度、教职工知情度高的体现。接受多方监督是确保不犯错误、少犯错误、不犯原则性错误的法宝。

一是学校"三重一大"要公开透明。校长管理工作中容易被教职工议论的,往往是学校"三重一大"(重大事项、重大项目、重大人事任免和大笔经费支出)不透明、不公开、程序不到位。为此,"三重一大"管理要做到符合规范和程序,学校管理班子要充分酝酿和民主决策,程序要公开、透明,扩大知晓度。

二是不让小事情引发大矛盾。学校管理中还要防止因"小洞不补",而引发大矛盾。学校要建立一套防范与应急处置机制,通过讲清楚、说明白而消除教职工的顾虑。学校要设立发言人,及时通报情况,减少误解,把问题解决在萌芽状态。

三是做好中层的选拔和任用。学校中层尽管是责大于权,但许多老师还是向往的,特别是年轻老师多数希望得到这样的岗位锻炼机会,为后续成长搭建平台,从而实现自己的理想。为此,中层岗位的选拔要引进竞争机制,条件要公开、组织要严密、程序要规范,真正做到能者上弱者下,设立试用期,让事实说话,使教职工心服口服。

3.夯实民主管理基础

学校民主管理不能停留在班子内、校园里,要夯实学校民主管理的基础。

一是校长要做好民主的表率。校长是学校的主心骨,对民主管理要率先垂范,让师生信任、放心。首先,校长要学会放权。当学校管理班子日臻成熟、学校工作有序稳步推进后,校长就要考虑放权。这样,校长可集中主要精力搞调查研究,探索教育教学和学校管理规律;集中精力抓教学,腾出时间从事学术研究。其次,学校重大事项要交由民主决策。先把事情放在管理班子会上深入讨论,集思广益,形成初步方案。然后公开征求教职工和其他相关部门的意见,在吸收合理意见的基础上修正和确定方案。最后交由相关部门落实,实施过程中要接受专业部门和群众的监督。

二是让师生们参与民主管理。学校师生是学校的主体,也是学校工作的生力军。如果学校师生没有参与学校民主管理,那就不是民主管理。学校要开通教职工参与民主管理的三条渠道。第一,管好用好师生的意见箱。意见箱主要是为了收集师生们发现的问题和建议,是师生向学校直接反映愿望与要求的便捷渠道。所以意见箱不是摆设,对意见箱中师生所反映的问题要定期整理,及时处理,及时回应,一时难以解决的要在教职工代表会上审议。第二,定期开好教代会。关系到学校重大改革和发展的决策,以及关系到教职工切身利益的问题,要提交教代会表决通过。召开教代会之前要深入基层广泛征求和听取全体教职工的意见,做好前期准备,满足教职工的愿望。第三,定期召开学生代表大会。不要以为小学生年龄小,说不到正题,这样的想法要不得。童言无忌,小学生说出的才是他们的真想法、真需求,是改进学校工作和开展教育教学的最可贵资源。

三是鼓励社会组织参与管理。学校管理除了要接受当地政府、上级主管部门和其他相关部门监督外,还要接受家长委员会、社会组织等的监督。首先是听取他们对学校的评价、建议和愿望。其次是接受他们的监督、检查和评议。同时学校开展活动可邀请他们参加与指导,如学校食堂管理、学生校外安全与管理、学生上下学的接送、对留守儿童的资助等。

民主是学校发展的必然要求,也是推进学校文化建设的重要手段。最高档次的学校管理是文化管理,新建学校校长集权—放权—民主管理的权变过程,符合人类社会发展的规律,是新建学校发展必须经历的过程。

(发表于《校长参考》2020年第5期)

课题研究与课程开发

山区薄弱村完小建设的策略研究

【摘要】山区薄弱村完小是严重影响山区基础教育质量的重要因素之一,是全面实施素质教育、振兴山区教育事业的重大障碍,也是我国教育发展的基层难点。笔者通过对山区薄弱村完小建设近7年时间的实践研究,采取了一系列有效的对策,取得了阶段性成果。(一)针对性策略研究:针对目前存在的5种薄弱村完小(规模小、管理乱、质量差、设施简陋、综合问题多),分析其现状和根源,然后采取相应的建设策略。(二)综合性策略研究:在采取针对性建设策略的基础上,为了发挥中心小学在建设中的管理职能,采取了9项综合性管理策略:1.设立分管副校长和领导班子联校制度;2.实行一月一次的村完小校长例会制度;3.建立完善村完小教科研网络;4.对村完小进行督导;5.创办"培青"基地,培养学科带头人;6.有针对性创办特色学校;7.实行村完小目标管理;8.实行统一经费管理制度;9.急缺学科实行教师跨校教学。(三)发展性策略研究:制定了4个长远发展的规划。

【关键词】薄弱村完小　针对性策略　综合性策略

一、课题的提出

国家教委把加强薄弱学校建设放在全面推进素质教育十项措施的首位。山区薄弱村完小是最基层的,具有普遍性、广泛性、典型性。这部分学校能否建设好关系到我国广大山区农民后代的素质。我国教育的重点在农村,难点在山区。如果能够把某一山区的这一问题研究好,使其具有推广价值,将产生重大影响。

山区薄弱村完小起源于20世纪60年代末70年代初。当时我国出现第一次入学高峰,于是一大批村完小如雨后春笋般出现了。这些学校在解决当时山区孩子没学上这一困难中起了一定的作用,但很快暴露了在办学条件、师资水平、管理水平等方面比较薄弱的问题,教育质量低下,社会声誉欠佳。随着社会的进步、教育的发展,特别是改革开放20年来教育朝着高质量、规模化、现代化的方向飞速发展,加强薄弱村完小建设被提到了议事日程上。

山区乡镇中心小学是多年来人们公认的"教育示范、教研中心、进修基地、管理龙头",所以在薄弱村完小建设中起着举足轻重的作用。本课题将重心放在研究乡镇中心小学如何加强对薄弱村完小的建设上,试图从现状入手,把制定针对性策略、综合性策略和发展性策略结合起来,走出一条有本地区特色的山区薄弱村完小建设的路子。

二、实践研究的总体构想

(一)研究的目的

本课题通过对山区薄弱村完小建设的策略研究,期望达到的目标是:在中心小学统一规划下,进行合理布局,减少村完小,节约资源;改善现有村完小的设施,发挥中心小学对村完小的管理功能,形成整体;改善村完小办学条件,缩小村完小与中心小学、村完小与村完小间教育教学质量等方面的差距,增强活力。通过实践探索一条山区薄弱村完小建设的路子,掌握山区薄弱村完小建设的一般规律,为同类型地区做出示范。

(二)建设策略研究的原则

1.整体性原则

一个乡镇的所有小学是一个法人,从法律意义上讲是一所学校,只有一个法人代表。因此,中心小学要加强对村完小的统一管理,要负总责。村完小要改变以往管理上各自为政、山高皇帝远的状况,主动服从中心小学的统一安排,形成统一制度、统一规划、统一管理、共同发展的机制。

2.平衡性原则

义务教育是全民性、公平的教育。薄弱村完小与中心小学间、与其他村完小间的差距是历史所造成的。在建设中我们要牢固树立公平的教育观,尽快缩小距离,实现平衡发展,共同进步。

3.特色性原则

山区乡镇地域大、分布广,村与村的地理环境、民风民情、自然资源各异。在符合统一要求的前提下,要鼓励开展特色学校建设,增加学校活动,发展学生个性,为培养当地所需的人才打下坚实的基础。

4.监督性原则

村完小所在的村落分散,近者相隔几公里,远者相隔几十公里,中心小学难以实施直接管理,主要采取监督管理。所以要逐步完善管理的组织和手段,落实好计划、制度、岗位、程序四项管理,形成一种"形散神不散"的管理机制。

5.方向性原则

发展是硬道理,发展的方向是发展的灵魂。薄弱村完小建设是一个动态的过程,所以在建设方向上要站在战略的高度,符合"三个面向"的需要,防止就事论事,只图眼前利益。

6.自主性原则

我国是穷国办大教育,国家无法包揽所有的教育投入,主要靠山区学校自身。山民善良淳朴,互助性强,他们一旦认识到某项工作的重要性,会发挥超常的牺牲精神和凝聚力。所以在薄弱村完小建设上要善于调动山民们的积极性,发挥其"造血功能"。

(三)研究的过程

李家镇地处浙西山区,与衢州、淳安、龙游毗邻,占地 106.44 平方千米,人口 2.21 万,22 个行政村。1993 年全镇有小学 23 所。小镇 1993 年下半年启动了薄弱村完小建设研究,大体可以分为四个阶段。

1. 第一阶段(1993.9—1994.8)

从 1993 年 9 月开始,通过充分的调查和分析后,从实际出发,出台了三项规划:《李家镇小学破旧房改造规划》《李家镇小学布局调整规划》《李家镇小学青年教师培养规划》,为开展建设打下了基础。

2. 第二阶段(1994.9—1996.8)

①成立了"山区乡镇中心小学对村完小教学管理的探索和实践"课题组。该课题被列入浙江省规划课题,薄弱村完小建设进入启动阶段(研究成果获浙江省三等奖)。

②对全镇薄弱村完小进行全面的调查分析和论证,把薄弱村完小分为五类(规模小、管理乱、质量差、设施简陋、综合问题多),并对各种类型进行分析,追根溯源,开展对策研究。

3. 第三阶段(1996.9—2000.7)

①对第一阶段出台的三个规划的实施情况进行总结,提炼经验。

②成立"山区中心小学对薄弱村完小建设策略初探"课题组,该课题被列入杭州市规划课题。

③在第二阶段对薄弱村完小进行针对性研究的基础上,完善了中心小学综合性策略,确定了发展性策略。

④成立"山区薄弱村完小建设策略研究"课题组,该课题被列入浙江省规划课题。

4.第四阶段(2000.7—2000.8)

收集分析数据,整理资料,撰写成果报告。

三、建设策略研究

(一)针对性策略研究

薄弱村完小从表面上看千差万别,但只要透过现象看本质,就能找到共同问题。于是我们把薄弱村完小分为下列五类,并对不同类型进行针对性策略研究。

1.规模小

表一　1992年全镇小学人数、班级数、年级设置情况表

	人数	班级数	年级设置
中心	360	8	1—6
前山排	31	2	1—4
诸家	106	5	1—5
曙光	103	5	1—5
舒家	130	6	1—6
前坊	19	1	1—2
项山	14	1	1—2
外山合	20	1	1—2
里山合	16	1	1—2
新桥	132	6	1—6
沙墩头	183	6	1—6
北坑源	21	1	1—2
西坑源	22	1	1—2
长林	356	8	1—6

（附表）

	人数	班级数	年级设置
后童	19	1	1—2
三溪	126	6	1—6
管村	115	5	1—5
界头	54	3	1—4
长林源	53	3	1—4
石鼓	183	6	1—6
大坑源	17	1	1—2
上桐桥	51	3	1—4
石门堂	53	3	1—4
合计	2184	83	/

全镇共有学校23所，其中单班小学8所，1—2复式班有13个，3—4复式班1个。可谓布点多，规模小，浪费资源。

根源：主要受原来一村一校的影响，多年来又没有得到整治。

对策：从1993年9月开始启动布局调整、撤并学校的工作，到1996年9月原计划撤并工作全部完成。具体做法有：

①撤并单班小学。把间距不超2.5千米的小规模学校并入规模较大的学校。包括：前山排并入中心小学，前坊、项山、外山合并入舒家小学，后童并入长林小学，共撤并5所。

②创办村联校。对设1—4年级、学生超过50人、两校距离不超过2.5千米的学校，在两村接合点另选校址，共建村联学校，全面取消了复式班。包括：长林源和界头共建长林源小学，上桐桥和石门堂共建上桐桥小学。

③设立教学点。对离规模较大学校路程超过5千米,没有条件撤并的4个复式班学校,设立教学点,作为附近规模较大学校的一个教学班,实行分级管理。包括:大坑源教学班划归石鼓小学,北坑源和西坑源教学班划归沙墩头小学,里山合划归舒家小学。

④中高年级集中。中心小学和长林辅导完小校舍规模大,设施比较齐全,师资强,中高年级学生集中到这两所学校,可以适当弥补原村完小教育质量不高的短板。

⑤扩大中心小学规模。1998年中心小学新建一幢1287平方米的综合教学楼,把附近两所各有100多名学生的小学并入中心小学,扩大了中心小学规模。

通过上述五种撤、扩、并办法,学校从原来的23所调整为10所,撤并校率达56.52%,学生从1992年的2184人增加到1999年的2663人,净增479人,而班级从原来的83个减少到现有的66个,减少了17个。不仅每年为国家节约开支近30万元,同时,为学校今后的发展及教学质量的提高打下了坚实的基础。

2.管理乱

薄弱村完小的管理一般都存在较大的问题,如教师工作积极性不高,对待教学工作不负责,教师间不团结,学校工作不能正常运转等。

根源:领导威信不高,疏于管理;教师缺乏凝聚力和合作精神,责任心不强;社会和家长对学校不信任。

对策:①选派校长。让师范毕业后经过几年教学实践的青年教师担任村完小校长,同时,村完小校长几年调换一次,并逐步实行竞争上岗。②在教师中实行民主生活制度化,以人为本,调动教师积极性。③工作制度化,以制度治校。④成立家长委员会,协调好学校与村领导和家长的关系。⑤中心小学加强督促检查。中心小学组织人员对村完小进行全面调研,帮助其找到管理上的漏洞和要解决的重点问题,及时指导、纠正,提高村完小的管理水平。

3.质量差

这类学校总体教学水平低下,与兄弟村完小和中心小学相比差距较大,造成社会和家长不满意,社会声誉欠佳。

根源:教师整体业务水平比较低,结构不合理,教学方法陈旧,教学信息闭塞。

对策:①通过培养青年教师,加强后备力量。②调整教师结构,把其他学校的教学骨干调进来,加强师资力量。③加强教师培训,建立学习型组织,提供教改信息服务,并成立帮教小组,形成老带新、青帮老、骨干带一般的良好风气。④实行骨干教师下村完小任教制,让骨干教师发挥作用,影响一校,带好一群。⑤急缺学科实行跨校教学,让一位教师教邻近两三所学校的同一门课程。目前李家镇有三位音乐教师、三位美术教师、两位体育教师和三位信息技术教师承担跨校教学任务,有效地缓解了师资缺乏的问题。⑥对学校内的教学仪器、电教设备进行校际调剂,共享资源,让有限资源发挥最大效益。

4.设施简陋

这类学校设施设备陈旧短缺,与教育发展要求和教学实际需要很不适应。

根源:多年来这方面投入少,添置少,管理不严导致损坏多、遗失多。

对策:总原则是大件靠政府,小件靠自己。对学校来说,要千方百计挖掘潜力,逐年添置,逐步完善,并加强管理。

5.综合问题多

综合薄弱是指村完小在各方面均较落后,上述四种情况兼而有之。

根源:多年积累所致或工作中出现较严重偏差,学校声誉差,恶性循环。

策略:①充分调查分析,抓住重点,确定先解决什么,后解决什么,有计划地逐步解决。②发挥校内优势,采用围攻办法,先小后大。③制定严密的建设计划,做到全面规划、突出重点、分步设施。

(二)综合性策略研究

针对性策略研究解决了薄弱学校中的一些突出问题。为了进一步发挥中心小学在薄弱村完小建设中的宏观管理作用,我们又进行了综合性策略研究。

1.设立分管副校长和领导班子联校制度

1996年下半年起,开始在中心小学设立一名分管村完小的副校长,具体负责村完小工作;其余四位班子成员每人联系两至三所村完小,实行谁联系谁负责,并与年终考核挂钩。

2.一月一次的村完小校长例会制度

每月按计划在某一村完小召开一次校长例会。会议内容包括教学常规检查、师生座谈、所在学校的工作汇报、经验交流及下一阶段工作布置。

3.建立完善的教科研网络

从1992年起,李家镇加大了教科研工作的力度,率先在全镇农村小学成立了教科组。教科组每学年做到"四个一"要求:确定好一批要申报的课题,组织好一次教科研讲座,评好一批教科研论文,出好一期教科研论文集。对每位教师提出"五个一"要求:订好一本教育杂志,看好一本教育学专著,定好一个研究专题,上好一堂研讨课,写好一篇教学论文。几年下来,有两个课题在浙江省教科院立项,还有两个课题在杭州市教科所立项,并取得了一定研究成果。近几年共有120多篇论文在省、市、县获奖。

4. 对村完小进行督导

1997年依据《浙江省小学完小督导方案》，结合李家镇实际拟定了《李家镇村完小督导方案》，成立了由镇政府分管领导、教办成员、中心小学领导组成的督导小组，于1997年、1998年底分两次对全镇村完小进行督导。为了扩大影响，每督导一所学校，都把整个督导情况和成果向家长代表、村级领导和全体教师汇报，使各学校进一步树立规范办学思想，明确存在的问题和今后努力的方向。督导结束后要求每校与村领导一起制定整改方案，一年后中心小学组织回访。

5. 创办"培青"基地，培养学科带头人

从1993年开始，每年有5~6名师范毕业生充实到李家镇教师队伍中。为了让"科班"出身的教师尽快成长，进行了山区青年教师培养的尝试，并把长林小学确定为青年教师培养基地，对新教师进行集中培训。制定了"33"计划，即用三年时间，分三步走。目标是一年起步，两年合格，三年成才。实践中，总结出培养山区青年教师的十点做法：抓班子、抓榜样、抓基地、抓适应、抓教学、抓组织、抓竞赛、抓进修、抓骨干、促婚事。1996年在成功培养的基础上又提出了新要求，开始启动学科带头人培养工作，通过请进来、走出去、定学科、成立课题组等多种方式培养他们。目前全镇共有学科带头人16名，杭州市教坛新秀4人，建德市级16人。这些教师中获建德市级及以上优秀教案设计、讲课比赛、优质课评比、教学论文一等奖共25人次。

6. 有针对性创办特色学校

创办特色学校不仅能增强学校的活力，而且是一条培养学生特长、发展学生个性的有效途径。中心小学在完成撤并学校任务后，及

时提出了创办特色村完小的方案。

通过特色学校活动激发了学生的兴趣，发展了学生个性，培养了学生的动手能力，出现了一大批小能手、小能人，同时锻炼了教师，增强了学校的活力。

表二　1996年李家镇特色学校情况表

学校	中心	舒家	上桐桥	新桥	沙墩头	长林	三溪	管村	长林源	石鼓
内容	教科研音乐	美术	水果	制茶	书法	培青球类	棋类	养殖	矿产	森林

7.实行村完小目标管理

为了加强中心小学对村完小管理的力度，引进村完小间的竞争机制，1996年开始对村完小实施目标管理，实行一年一考制:年初中心小学校长与各村完小校长签目标管理责任书，提供目标管理考核细则，平时依据条文经常督促，听取汇报，第一学期结束时进行初评，年末组织考核小组对照细则对各校进行实地考核。考核后确定类别，给予奖励。考核等级与教职工福利挂钩。

表三　李家镇村完小目标管理考核细则

项目	考评内容	权重	自评	考评
办学条件	1.校园布局合理，有围墙、旗杆、绿化、供电设施等	2		
	2.教学仪器和电教设备新添占每生30元的5%	2		
	3.体、音、美器材新添占每生30元的5%，图书每生一册	2		

(附表)

项目	考评内容	权重	自评	考评
学校管理	1.校内分工明确,团结协作,形成合力	2		
	2.学校有明确的办学目标,有学年、学期工作计划	2		
	3.镇、本校规章制度齐全,有档案资料	2		
	4.有教师政治、业务学习制度(有记载)	2		
	5.有落实《守则》和《规范》等细则和检查评比的制度	2		
	6.升降国旗规范,讲话有记载,全学期全校德育活动不少于2次	3		
	7.定期召开家长会,家访每学期每生不少于一次	3		
	8.有后进生转化工作计划、措施	2		
	9.校园美化、净化、绿化、师生关系和谐	3		
	10.开齐、开足活动课程,兴趣小组有记载	3		
	11.推广普通话,教研活动有计划、有记录	2		
	12.上好体育课,每学期至少开展2次体育竞赛活动	3		
	13.财务按章办事,账册齐全清楚,无乱收费,代管费结算到学生	2		
	14.有校产管理制度、校产登记册,有计划地更新、维修校产	2		
	15.开展勤工俭学(平均每生2~3元)	2		
	16.落实安全、保卫措施。保证师生开水供应	2		

(附表)

项目	考评内容	权重	自评	考评
办学效益	1.学生熟知《守则》《规范》内容,关心他人,礼貌待人,好人好事多	4		
	2.校内违纪学生减少,无在社会上违纪情况	2		
	3.养成教育有成效,学生行为习惯良好	3		
	4.入学率100%,全镇抽测成绩中上,备课、批改情况较好	8		
	5.体育达到合格98%、良45%、优20%,运动会成绩优良	6		
	6.教职工获奖:省、市级6分,县级3分,镇级1分	6		
	7.学生获奖:省、市级6分,县级2分,镇级0.5分	6		
	8.新添置资金平均每生2元以上	2		
	9.学校未发生重大责任事故	2		
	10.写字、音、体、美、劳教学质量好	3		
	11.教师"四个一"及听课、业务记录任务完成较好	3		
	12.教师、学生在报刊上有作品发表,每篇1分	4		
	13.校长室布置任务完成较好	2		
	14.教导处各项任务完成较好	2		
	15.总务处各项任务完成较好	2		
	16.团支部、少先队各项任务完成较好	2		
备注	1.学校如出现乱收费、体罚学生、未开齐开足课程、流生、社会上犯罪、教学质量倒数、体育未达标现象,考核中将实行一票否决制,考核等级做降级处理。 2.整体办学评价:一类为100~90,二类为89~80,三类为79~70,四类为69以下。对不同类别学校的领导、教职工给予相应的奖励。			

8.实行统一的财务管理制度

学校的财务管理是一项备受关注的工作,关系到学校稳定和教职工团结。几年来形成了一套制度:①开学前向全社会公布收费标准,期末公布代管费结算情况,接受社会监督,杜绝乱收费和不合理支出。②对村完小经费采用"统分"做法。如代管费的85%上缴中心小学统一管理,教材、簿册等学习资料由中心小学统一配备,剩余15%由各村完小根据需要合理支配。③每学期组织一次财务检查,实行财务公开,防止腐败,提高广大教师的凝聚力,使有限的经费发挥最大的效益。

(三)发展性策略研究

针对性策略与综合性策略研究解决了薄弱村完小建设中存在的现实问题。然而社会在不断进步,人们对教育的要求也在不断提高,我们应该把目光投向未来,预见发展的趋势。为此,在取得薄弱村完小建设的阶段性成果的同时,也开展了发展性策略的研究,制定了四项长远发展规划。

1.《李家镇村完小第二轮布局调整规划》。随着山区计划生育工作的进一步深入,出生率下降,入学人数大幅度减少。李家镇提出了第二步调整规划,2005年后全镇设立4所小学(包括中心小学),并制定了定点学校建设和管理规划。

2.《李家镇教育现代化发展规划》。在完成薄弱村完小建设后,应不失时机地把教育推向现代化,统筹好幼教、普教、成教和职教的协调发展。小学作为普教的前沿阵地,在教育思想、教育设备、教育环境等现代化要求上都应有明确目标和实施步骤,以增强学生创新精神和实践能力。

3.《李家镇小学教师培训长远规划》。教育质量的高低,很大程度上取决于教师素质。该规划不只局限于青年教师的培养,而是着眼于全体教师,进行全方位、终身培养,努力建设一支德才兼备、适应现代化教育的教师队伍。

4.《李家镇小学教科研发展规划》。向科研要质量早已成为人们的共识,但不是一朝一夕就能出成果的,必须从管理体制、研究人员的素质提高等方面长远打算,逐步实施,制定发展规划非常重要。

发展性策略,是对未来的构想,为我们绘制了一幅教育的宏伟蓝图,在未来的实施过程中还必须不断完善、改进和检验。

四、实践研究效果

该课题研究从1993年启动以来,经过7年的辛勤耕耘、大胆探索,已经取得了阶段性成果,初步达到了学校布局合理化、办学标准化、管理规范化的要求。可以这样说,已基本摸索到山区薄弱村完小建设的一般规律,找到了一条村完小建设的路子,为山区小学现代化发展铺平了道路。具体表现在下列几个方面:

1. 学校布局合理化

通过辛勤的学校布局调整,全镇小学从原来的23所减少到10所,从1992年的平均869人设立一所小学,调整到目前平均1833人设立一所,实现了布局合理化,为教育事业的进一步发展打下了坚实的基础。

2. 学校管理更规范科学

通过对五种类型的薄弱学校有针对性地整治,加上九项综合管理对策,树立了规范办学意识,有效改善了以往村完小管理各自为政、一盘散沙的问题。村完小摘下了"薄弱"帽子,整体教学质量在快速地提高。

3. 办学条件不断改善,教学水平不断提高

通过破旧房改造,全镇10所小学皆有了混凝土结构的教学楼,

加上近几年的设施改造,使李家镇成为全市农村乡镇学校管理、教学设施、教科研成果、教学质量等方面的强镇。

4.一支高素质教师队伍在茁壮成长

通过青年教师培养计划的实施,学科带头人培养工作的深化,帮教工作的深入开展,教师的素质全面提高,一支高素质的、适应山区教育的教师队伍已经形成。

5.学校充满活力,学生个性得到发展

在创办特色学校活动中,把学校特色分为两类:第一种为常规类,如音乐、美术、书法等;第二种是山区特色类,如水果、养殖、制茶等,是山区特有的。常规类在全市频频获奖,山区特色类潜力很大,由于学生从小耳濡目染,一学就会,如制龙井茶,每到假日专业户就上门邀请帮忙。常规项目与特色项目相结合,既培养了学生的艺术特长,又培养了他们的劳动技能。

6.尊师重教之风逐步形成

山区受地理因素的制约经济落后,山民普遍在孩子上学问题上,只图认几个字,缺乏"思进"意识。通过薄弱学校建设工作,转变了群众观念,使其认识到经济要发展、面貌要改变,教育必须先行。尊师重教风气空前高涨,出现了"有钱的出钱,无钱的出力,人人关心教育"的良好局面。

五、结论和思考

(一)结论

经过近7年的实践和研究,达成下列共识:

1.本课题在山区薄弱村完小建设上迈出了艰难的一步,其对策是有效且成功的,实现了薄弱学校建设整体效果的提高,将有利于山区乃至其他农村地区薄弱村完小建设的全面推进。

2.山区薄弱村完小建设的研究转变了人们对村完小的偏见,即"消除薄弱村完小是不可能的,与城镇学校质量的差距只会越拉越大"的错误观念,树立了建设的信心。同时,使人们认识到在薄弱村完小建设上不要唱高调,追求一步到位,而应该坚持实事求是,分步实施,充分发挥所在地政府和人民的潜力,提高"造血功能",不要完全依赖国家的投入。

(二)思考

通过本课题的研究,李家镇在薄弱村完小建设上取得了阶段性成果。有三点思考供讨论:

1.改革开放后我国教育事业飞速发展,特别是近几年,一些城市和经济发达的农村在教育现代化建设上已取得了可喜的成绩,迈入了现代化。而广大农村,特别是一些贫困的山区薄弱村完小建设才刚起步,如何让其尽快摆脱薄弱面貌,跟上时代的步伐,是一个值得深思的问题。

2.李家镇薄弱村完小建设已经取得阶段性成果,做到这一步已经非常艰难了。但要实现可持续发展的第二步——教育现代化,要求更高,难度更大,要有思想准备。

3.某些地区提出"消除村完小",这是一个振奋人心的口号,但在实践中应因地制宜,不可盲目照搬,否则会付出沉重的代价。

参考文献

1.国家教委.全面推进素质教育十项措施.

2.浙江省教委.关于加强义务教育阶段基础薄弱学校建设的若干意见.

3.推进素质教育,面向全体学生——萧山市改造薄弱学校措施扎实.浙江教育报,1998.

4.高标准加强薄弱学校建设——温岭市教委实施"三年攻坚战略".浙江教育报.

5.陈如平.治理基础薄弱学校的若干政治建议.浙江教育科学,1993.

（本文荣获杭州市第十四届教育科研优秀成果二等奖，1999.10.15）

"自悟共创——学生生活新童谣"校本课程开发实践研究

【摘要】随着社会经济发展和环境变化,儿童心理特征也随之变化,优秀校园文化逐渐缺失,德育工作渐感乏力,难以满足学生的某些心理需求,导致儿童的道德品格、人文素养等呈现滑坡现象。基于以上问题,笔者提出了本课题的研究设想。本课题研究体现以下特色:扎根实效,展现以生为本,贯彻学生主体,凸显持续发展,注重协调整合。在研究过程中,我们实施研究与实践同步、课程开发与课程实施同步、试点和推广同步、总课题研究与子课题研究同步的四个"同步走"策略。

【关键词】自悟共创 新童谣 校本课程 开发 整合

第一部分 课题缘起

一、薪火相承的传统

中华童谣源远流长,有三千多年历史,最早出现在尧帝时期,是中国民族文化不可分割的一部分,它具有让人们脱离愚昧、走向文明的积极意义。它绚丽多彩,形式多样,如赊店童谣,当地人们根据客观生活的变化,不断编出新的童谣,一代传一代,一代教一代,经久不衰。可见,童谣是华夏子孙喜闻乐见的,童谣教学的思想是薪火相承的。

二、时代发展的潮流

童谣教学在北京、浙江、上海等地得到成功推广,得到国家有关部门的表彰。教育部要求全国积极推广北京新童谣经验,开展以童谣等为载体的校园文化建设。胡锦涛同志对北京推广新童谣活动做出重要批示:"北京此事办得好,体现了与时俱进和'三贴近'的精神(贴近学生品德实际,贴近学生生活实际,贴近学生群体实际)。采用少年儿童喜闻乐见的形式,让他们受到潜移默化的教育。要举一反三,创新更多的教育途径和方式。"据了解,这些地区的学校开发的童谣校本课程一般由专家设计教材和编写童谣内容,形式较单一。因此,我们在童谣教学领域开展创新研究,具有积极意义。

三、课程改革的呼唤

新课改理论倡导:"实施地方与学校课程,有利于提高课程对学生的适应性,满足学生的兴趣、爱好和需要,促进学生个性发展;有利于提升教师的课程意识和课程建设能力,促进教师的专业发展。有利于实现学校的课程创新,促进学校文化建设,推动学校的内涵式发展。"(《走进新课程》)另外,部分学科课标精神也有体现,如《语文课程标准》在第一学段(阅读教学阶段)目标中要求:"诵读儿歌、童谣和浅显的古诗,展开想象,获得初步的情感体验,感受语言的优美。"可见,推行童谣校本课程教学有利于课改的有效推进,符合促进学校、教师和学生发展的课改精神。

四、德育工作的要求

(一)"灰色童谣"袭孩子,急老师

目前,学生中广泛流传"灰色童谣""痞子童谣",侵蚀儿童纯洁而幼小的心灵,成为校园文化和学生精神生活的"黑色染缸"和"精神鸦片"。造成这些现象的原因:一是反映儿童情趣、生活,便于流传的健康的文学作品严重缺乏;二是孩子们的校园生活单调,学习压力大,致使他们借此释放心理压力;三是儿童好奇心强,其心理需求、天性爱好得不到满足,而这类"灰色歌谣"易于上口、记忆和流传,缺乏鉴别能力的孩子们便"饥不择食"。因此,对待童谣,最好的方法是融入学校德育工作,加以正确引导,用优秀童谣排斥"灰色童谣",净化校园文化。

(二)德育工作新现状新问题

德育应该是一种经常性的潜移默化的教育行为,学校思想品德教育必须与家庭、社会有机结合,才能取得教育的整体效益。我校地处城乡接合部,学校周边环境脏乱差等问题突出,主要表现在:(1) 10%的学生为外地打工等流动人口子女,家长文化层次普遍较低,且居无定所、学无定处。(2)本街道外出打工人员、低收入者较多,对孩子缺乏关心教育。据多次调查统计,平时经常关心孩子学习生活的家长仅占8%左右。(3)人员流动性大,单亲家庭较多,造成人际关系复杂。而目前学校德育工作方法单一,教育形式教条化、成人化、外在化,造成学生学说做分离。学校德育工作步入了困境,而家长、社会的力量又难以形成合力,因此我们应充分借助学校力量和教师资源,寻求一种能潜移默化地促进学生行为规范得到内化的载体。

五、学生心理的需求

(一)符合认知规律

研究表明:小学生的形象思维远胜于抽象思维,特别是低年级的小学生,以直观表象的形式进行思维。因此,他们往往只能运用只言片语,却又不乏童真、童稚和童趣,这样的语言犹如沙砾中的珠贝,汇集起来就是富有灵性的精美歌谣。童谣短小、精致、富有韵味,符合学生的认知规律和语言能力发展规律。

(二)符合心理特点

童谣教学十分符合儿童的心理发展特点：一是儿童天性好奇、好幻想,童谣教学能投其所好,最大限度地激发儿童的学习兴趣;二是儿童具有丰富的想象力,童谣教学可以用其所长,把儿童潜在的想象力发展成创造思维能力;三是童谣语言精练、音韵优美,对于规范孩子的语言有不可替代的作用。

第二部分 课题解读

一、概念界定

"自悟共创——学生生活新童谣"校本课程开发实践研究,将把学生"自悟共创"理念贯穿校本课程开发和实施的始终。"自悟共创"即全体学生在创作童谣作品过程中,在教师指引下,自主学习、感悟、体验、发现,共同创作童谣作品;"学生生活新童谣"指学生创作的作品取材于校园内外,来源于生活;"新童谣"指由学生原创的、有意义的,符合学生心理发展要求和年龄特征的童谣。

二、特色阐释

该学校地处农村,根据经济、自然、人文条件,研究过程中,彰显以下几个特色：

- ●扎根节俭实效性
- ●展现以生为本性
- ●贯彻学生主体性
- ●凸显持续发展性
- ●注重协调整合性

第三部分　研究思路、内容与方法

一、研究思路

本项研究是一个长期研究,周期长、内容多、参加人员多,所以我们采用"四个同步"的研究思路:研究与实践同步、课程开发与课程实施同步、试点和推广同步、总课题研究与子课题研究同步。其中"课程开发与课程实施同步"具体指在学生创作童谣作品、形成教材内容的同时,实施课程教学。"四个同步"研究将缩短研究周期,便于加强横向交流和及时调整研究计划。

二、研究内容

1."自悟共创——学生生活新童谣"校本课程的开发

2."自悟共创——学生生活新童谣"校本课程的教学

三、研究方法

1.文献资料法

2.个案研究法

3.行动研究法

4.比较分析法

第四部分　研究策略

一、校本课程开发的目标和原则

（一）关于课程目标

我们认为在小学阶段基础教育中开展童谣教学,应更强调人的基础发展,尤其要促进学生道德品格、人文情怀等综合素养的发展。

为此，我校将"在童谣中生活，在童谣中进步，在童谣中成长"确定为新童谣教学的指导思想，从意识情感态度、知识、能力、素养四个层面确立了新童谣教学课程的基本目标。

"自悟共创——学生生活新童谣"的课程目标

1. 情感、意识、态度方面
● 童谣的情趣意识
● 童谣的价值意识
● 童谣的审美意识
● 童谣的创作意识
● 童谣的应用意识

2. 知识方面
● 童谣的基本内涵及特性
● 童谣的创作方法及意义
● 童谣与生活的关系

3. 能力和行为方面
● 提高童谣创作能力
● 提高童谣审美能力
● 积极把童谣应用在学习生活中

4. 素养方面
● 丰富学生人文道德素养

（二）关于指导原则

本校本课程开发应以课程目标为中心，坚持体现新课改生本性原则，体现童谣固有的趣味性原则，体现课程本身的教育性原则，体现学生年龄、心理特征不同的差异性原则，体现学校课程研究特色的整体性和实践性原则。

在上述原则的指导下，结合童谣教学的特殊性，我们认为，"自悟共创——学生生活新童谣"虽是专门设立的校本课程，但它与多门学科有关联，更需要借助一系列活动，因此确定"主体课程（开设童谣教学课)—相关课程(在各学科中渗透童谣内容)—活动课和主题教育活动(童谣比赛、讲座、游戏、展览等活动)"的有效教学途径。

- ● 生本性原则　　● 整体性原则
- ● 趣味性原则　　● 差异性原则
- ● 教育性原则　　● 实践性原则

二、校本课程内容的组织和实施

(一)最优化的内容组织

1. 校本课程的标准预设

课程教学标准是开展教学活动的依据和纲领性的文件,是教材编写和教学活动得以顺利开展的保证。在标准中应有明确的本学科的指导思想、目标、基本内容、教育教学途径等。详见下表:

"自悟共创——学生生活新童谣"的课程标准
● 教学目标
　　——习得有关童谣的基本知识,形成欣赏和创作童谣的基本能力,促进学生精神品格等综合素养的协调发展。
● 教学内容
　　——什么叫童谣?童谣有什么特征?童谣的分类?童谣的渊源?童谣的创作方法?童谣的意义?
　　——在道德礼仪篇、成长篇、劳动篇、自然篇、家乡篇等主题活动中进行童谣创作实践。
　　——童谣与各学科知识的整合。
　　——童谣美文欣赏,童谣活动开展。
● 实施途径
　　——主体课程—相关课程—活动课和主题教育活动。

2. 校本课程的教材编写

自从本课题在杭州市立项后,校本课程教材第一册已经几易其稿。在教材内容的选择上做到了代表性、先进性和可行性相结合，特别是被选择的内容体现了学生的原创性。目前开发了第一册，我们还将一学年编一册，在使用中不断丰富、拓展，三年编精华版，五年出版教材。教材最主要的组成部分是学生的童谣作品，因此教材开发的过程，也是童谣编创的过程。

我校校本教材主要有以下几个特色：

(1)校本教材采用"主题式"的编写结构，如家乡篇、成长篇、礼貌篇、自然篇、劳动篇等。

(2)校本教材童谣作品全由学生原创，通过"一月一主题童谣创作活动"征集优秀作品，并经过精心挑选修改成文。

(3)校本教材内容充分彰显新课程理念。教材中"我会读、我会写、我会用、我会画、我会说、我会演、我会唱、我会用""我是小画家""我的作品集"等菜单习题形式学生喜闻乐见，充分体现了新课标关注生本性、体现多学科的综合性、张扬学生个性和体现选择性、创造性等理念。

(二)综合性的课程实施

1.主体课程——新童谣教学

(1)教学目标

通过本课程，使学生掌握童谣欣赏和创作的基本知识，并能用多种方法赏析和创作童谣，促进学生精神品格等综合素养协调发展。

(2)课程内容

目前，我校已编写了第一册教材，教材分成六个"主题式"篇章：成长篇、家乡篇、自然篇、劳动篇、礼貌篇、欣赏篇，每一篇章分成几个小板块。

(3)课时安排

本课程在全校三至五年级开设，每周1课时。按照每学期18周计算，每个年级每学期共有18课时，三至五年级共有162课时。但由于课程设置权在学校手里,所以课时有增加或改动的可能,如可举办童谣教学研讨课等。

(4)教学模式

我们经过实践,总结出一些教学模式,现着重介绍赏析、仿作、创作、采风四种教学模式供大家参考。

模式一:

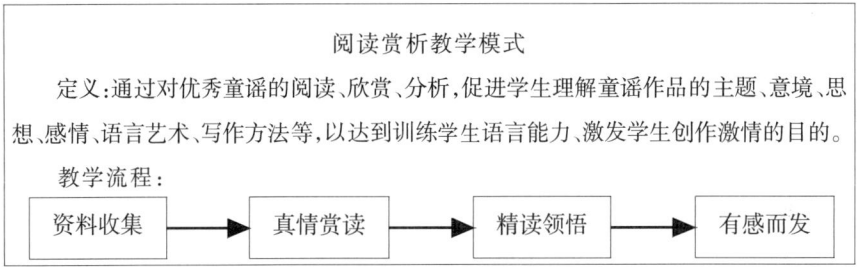

阅读赏析教学模式

定义:通过对优秀童谣的阅读、欣赏、分析,促进学生理解童谣作品的主题、意境、思想、感情、语言艺术、写作方法等,以达到训练学生语言能力、激发学生创作激情的目的。

教学流程:资料收集 → 真情赏读 → 精读领悟 → 有感而发

模式二:

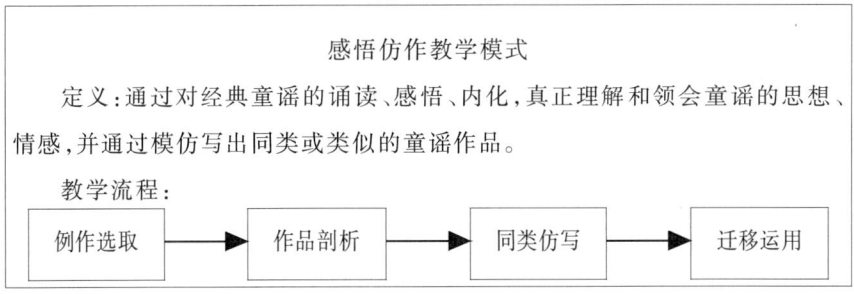

感悟仿作教学模式

定义:通过对经典童谣的诵读、感悟、内化,真正理解和领会童谣的思想、情感,并通过模仿写出同类或类似的童谣作品。

教学流程:例作选取 → 作品剖析 → 同类仿写 → 迁移运用

模式三:

脑力激荡教学模式

定义:所谓脑力激荡就是通过各种方法、途径发散学生的思维,激发学生的情感,从而使他们写出童谣作品。脑力激荡是童谣教学过程中应用较多的方法,它灵活多变的内容和组织形式能够发散学生的思维、激发学生学习童谣的热情和增强学生创作的信心。

教学流程:

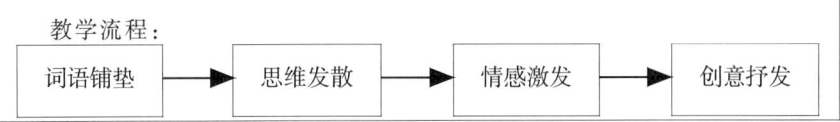

词语铺垫 → 思维发散 → 情感激发 → 创意抒发

模式四：

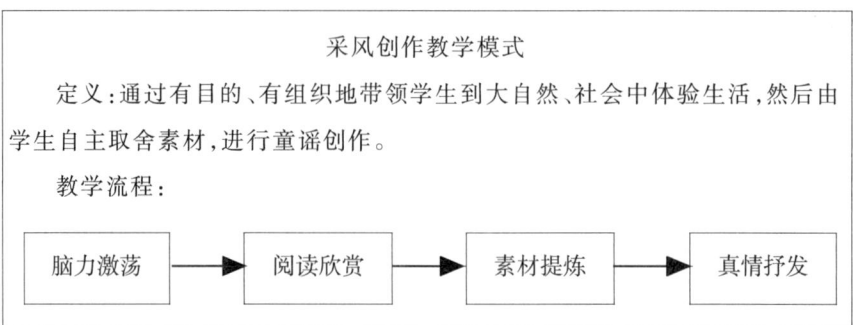

当然这四种模式不是各自为政、互不交叉的,很多时候,它们你中有我,我中有你,是没有明确界限的,在具体的教学过程中,也是融合在一起进行的。它们的关系可以用下列图表进行说明。

四种教学模式之间的关系

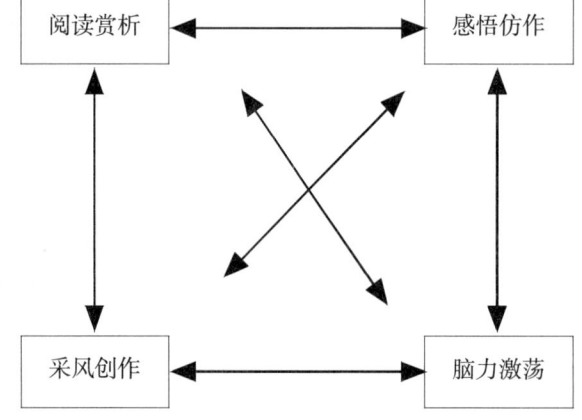

2.相关课程——与学科结合

童谣校本课程的实施,不能囿于主体课程——新童谣教学,还应与其他学科课程结合,根据各学科的特点,渗透童谣内容。

(1)童谣与语文课的结合

语文课中本身就有童谣(特别是低段语文教材),语文课可以采用欣赏童谣、诵读童谣、根据课文改编或续编童谣等多种形式。如一年级上册教材中有童谣《四季》一课,学习中,老师可以顺势引导孩子说说四季,组合而成就是他们自己的童谣。"小草青青,它对小鸟说:我是春天。荷花红红,它对池塘说:我是夏天。橘子黄黄,它对秋风说:我是秋天。白雪皑皑,它对大地说:我是冬天。"同时,童谣的编创需要一定的词汇基础,在反复酝酿、修改、调整字词的过程中,学生的语感、概括能力、想象力、创造力得到培养,学生的表达能力和文化修养也得到相应的提高。

(2)童谣与音乐课的结合

童谣(特别是儿歌)的语言精练、节奏明快、音韵流畅,可与音乐相结合。在实际操作中,我们一方面在音乐课中让学生欣赏中外童谣,了解童谣吟唱方法,以此来培养学生的节奏感、韵律感和领悟童谣文辞和意境的美感;我们还尝试让学生给童谣谱上曲子或把童谣串入已学的歌谱中,或者根据歌曲主题创作童谣,如一位老师在教完《每当我走过老师的窗前》这首歌后,让学生用童谣来表达对老师的情感,有学生就编出了"老师、老师您真棒,晚上备课白天讲。我们错题您帮忙,教学路上您真强"。

(3)童谣与数学课的结合

数学课需要逻辑思维,童谣需要形象思维。实验表明:小学生的形象思维明显发达于逻辑思维。用形象思维来阐述、补充逻辑思维,能发展学生的思维,培养学生的能力。如教年、月、日这一课时,为了帮助同学们记住一年中大月分别是哪些月份,老师利用儿歌朗朗上口的特点,编成儿歌:"一、三、五、七、八、十、腊,三十一天永不差。"使学生能很快就掌握这一内容。可见,利用童谣语言精练、富有韵味、朗朗上口的特点概括数学公理、定义、规律等有利于学生更好地掌握数学知识。

(4)童谣与思想品德课的结合

童谣具有陶冶儿童情操、发展儿童个性、健全儿童人格的功能,它春风化雨、潜移默化,区别于其他思想教育形式,如说教的形式。童谣中蕴含的真、善、美对于孩子美好心灵的形成有难以言表的作用。在这日益物化的时代里,童谣能让孩子保持精神独立。如在一次思想品德课中,为了教育学生树立自立自强观念,我们教给学生陶行知先生的童谣:"流自己的汗,吃自己的饭,自己的事自己干。靠人、靠天、靠祖上,不算是好汉。"童谣起到了"润物细无声"的效果。

总之,童谣可以与多门学科结合,如还可与美术、体育、英语等学科结合,相得益彰,这里不再赘述。

3. 主题活动——让童心飞扬

除了主体课程和相关课程外,学校还把主题活动作为童谣校本课程实施的途径。常规的主题活动有"一月一主题"童谣创作活动,如四月道德篇、五月劳动篇等,活动具有时令性,结合节日、当地风俗、学校活动开展;还有每年六月的"童谣月",在"童谣月"举办"童谣节",通过开展童谣朗诵会、原创童谣大赛、童谣配画比赛、名家童谣讲座、童谣手抄报比赛、大型童谣展览、童谣教学展示等活动营造浓浓的童谣教学氛围。还通过校园十佳童谣之星评选、校园童谣奖评选、校园吉尼斯童谣擂台——背童谣大比拼、童谣讲座等主题活动,激发学生创作童谣的热情。如今年三月份为迎接杭州市中小学生艺术节就特地举办了"童谣杯"现场书画比赛。学校童谣文学社也不定期举办丰富多彩的活动,如外出采风活动。这样的主题活动为孩子童心飞扬提供了广阔的舞台。

三、校本课程效果的评价与考核

学生经历校本课程开发实施的过程,是一个成长的过程,他们不光获得了相关的知识,更重要的是提升了解决问题的能力和人文素养。这也是衡量课程开发水平的一个重要尺度。从童谣教学的特点和学生的心理发展水平出发,我校确立了课程评价的目标体系,将知识、行为能力和素养的考查统一。

> "自悟共创——学生生活新童谣"校本课程的评价目标:
> 1. 了解有关的童谣知识。
> 2. 具有良好的童谣价值意识、审美意识、创作意识、应用意识。
> 3. 具有一定的童谣创作、审美能力。
> 4. 具有把童谣运用在学习生活中的能力。
> 5. 具有正确的价值观。

我们以评价目标为"尺",采用形成性评价与总结性评价、定性评价和定量评价相结合的多元评价方式。具体评价过程由班级评价、学校评价和社会评价三个层次组成。

1. 班级评价

为了对学生写的童谣作品有一个具体的评价,我们推出五星评价法,对学生的童谣作品做量化评定。学生的童谣作品如果语句通顺,无错别字,可得一星;语句通顺,无错别字,童谣意思完整,可得二星;语句通顺,无错别字,童谣意思完整,有一点韵味和意趣,可得三星;文辞通达、语句流畅,童谣意思完整,韵味和意趣较浓,可得四星;文辞通达、语句流畅,童谣意思完整,韵味和意趣较浓,构思奇妙、思想独到、情感充沛,可得五星。达到三星的可以在班级童谣栏中刊登,达到四星的能在学校《优秀童谣集》上刊登或在校园《童谣之声》中播出,达到五星能在《新童谣》校报上公开发表。班级中每周评选出一名"童谣之星",报学校在下个周一的升旗仪式公开进行表彰。

> 班级每周"童谣之星"评选标准:
> 1. 本周创作的童谣为三星以上作品。
> 2. 本人在本周行为规范方面表现优异或有进步。

2. 学校评价

在学校的广播站里,我们专门开设了《童谣之声》栏目,把班级推荐的学生优秀童谣作品在每周的小广播站广播时间向全校广播；在学校的"童谣天地"宣传窗里，我们开设《童谣擂》栏目，每月刊登学校童谣文学社推荐的学生优秀童谣作品；在学校的网站里，我们开设《童谣视窗》，定期推出班级推荐的优秀童谣作品；学校还办有4开4版印刷精美的《新童谣报》，一学期出版1~2期，出版后向全国各大报刊荐稿，推出班级和童谣文学社学生的优秀童谣作品；学校每年评选校园"十大童谣之星"，进行隆重的表彰。

> 校园"十大童谣之星"评选标准：
> 1. 本人在该年有10次以上被评为班级每周"童谣之星"。
> 2. 本人在班级、学校童谣比赛、创作等活动中表现出色。
> 3. 本人在班级、学校，甚至校外的行为等方面表现优异，并能树立榜样，影响他人，纠正他人的不良行为。

3.社会评价

学校每学期在街道、社区宣传窗推出童谣教学成果展，介绍学校童谣教学情况和展示优秀学生，如去年6月1日推出的首届"我爱童谣"童谣节，举办了书画童谣、演唱童谣等系列活动，吸引了众多的市民参观，受到家长和社会各界人士的好评。学校还向全国各地的报刊推荐学生的优秀童谣作品，受到编辑们的青睐，他们用专栏、专版等形式刊登学生的作品，使童谣作品获得发表的学生受到莫大的鼓舞。

第五部分　研究成果

一、促进了学生的和谐发展

事实证明，童谣教学促进了学生和谐发展。在德育方面，经受童谣洗礼的孩子，比其他孩子更懂得关心人、体贴人，个个举止文明、谈吐优雅、乐于助人。自研究以来，我校学生中无一人有违法犯罪的行为，学校连续10年被评为"建德市安全文明学校"；在智育方面，近几年在市抽测和小学升初中的学生素质测试中，我校学生的语文、数学、常识等各学科素质测试成绩均位列建德市前茅。同时，学生的观察能力、劳动能力、环保意识、动手能力、审美能力和校园文化建设意识等得到大大提升。具体情况如下：

（一）学生的人文素养不断提高

我们在2005年4月和2006年3月做过调查：

年级	年份	人数	课外读童谣的百分比	创作童谣的百分比
一	2004	100	10%	12%
	2005	60	96%	61.3%
二	2004	152	13.1%	14.5%
	2005	100	97.2%	83.6%
三	2004	200	18.6%	35.5%
	2005	152	94%	99.2%
四	2004	144	25%	49.6%
	2005	200	95.5%	100%
五	2004	180	34.5%	56.7%
	2005	144	98.5%	100%
六	2004	198	32.4%	28.3%
	2005	180	99%	98.2%

以上数据说明，通过童谣校本课程的开发与实践，学生对童谣

的了解有了大幅度的提高,读童谣、创作童谣的人数大幅度地增加,童谣甚至已经成为学生学习生活的一部分,童谣教学促进了学生读童谣、写童谣的积极性。从学校广播站《童谣之声》栏目每星期的来稿量(100首以上)看,学生写童谣的积极性一直维系在高水平。在学校首届"我爱童谣"童谣节的原创童谣大赛中,学校共收到1160首作品(目前学校有967人),全校学生人均1首多,最后学校推荐了205首童谣进行校级评奖。春风化雨,润物无声。实践证明,随着童谣阅读量和创作量的加大,学生在悄无声息中变得更纯洁、更善良、更美好,涵养了人文修养,提升了品质。

(二)学生的创造能力不断发展

本校本课程把学生"自悟共创"理念放在极高的位置,无论是阅读赏析、仿写,还是思维训练、写作,都是一个创造的过程。通过童谣校本课程的开发与实施,如今学生人人读童谣,个个写童谣,创作了大量优秀童谣作品。自2005年以来,学生们每年创作1000首以上童谣作品,这些童谣中的优秀作品除了在学校的《童谣播》《童谣之声》《新童谣报》等校级媒体发表以外,还有100首左右的童谣作品在建德教育信息网、《缤纷校园》《儿童文学》《小学生作文》《小学生天地》等全国省市级媒体上公开发表,另有30余人在各级征文中获奖。童谣创作提高了学生的创造能力,另外大量作品的发表与获奖也进一步激发了学生的创造积极性,使他们写出更多、更好的作品。同时,学生在作文、绘画、唱歌等领域也激起了创造积极性,屡有获奖,如校童谣快板节目获建德市艺术节比赛二等奖。

(三)学生的个性特长不断完善

童谣校本课程的开发与实践立足于学生的发展,又照顾了学生的个性差异,在具体的教学过程中,我们也根据不同的情况做出不同的要求。它为学生提供了一个展示自我的舞台。班级童谣之星、

《童谣擂》、《童谣之声》、《新童谣报》等载体定期推出学生优秀童谣作品。这些载体推出了胡锦波、许敏哲等一些脱颖而出的校园小童谣之星,他们都在报刊上发表了多篇童谣作品。我们所设定的班级、学校、社会三级评价机制,使不同层次的学生能得到不同的评价,从而使他们受到激励,得到个性发展。

二、促进了教师的专业成长

(一)提高了教师的教育科研能力

学校的校本课程课题组几乎吸纳了所有教师。课题组每周开一次小交流,一月开一次教研主题探讨。因此,在教学过程中,教师们也自然地把童谣教学与教育科研结合起来,提高了教科研的能力。他们的研究领域有德育中渗透童谣教学,有童谣教学与学科结合的实践研究,也有对童谣校本课程的教学策略研究,为总课题研究奠定了理论基础,提供了实践验证。叶亚敏开展了"如何开启童谣的德育功能研究"的子课题研究,洪海霞开展了"借助童谣提高低段语文教学效果的实践探索"的子课题研究等。傅登顺校长作为总课题的统领者,开展了大量的理论探索和实践研究。胡志丰等童谣授课教师编写了20余篇童谣课教学设计,撰写了10篇教学案例,数篇文章被建德市教育信息网、《建德教育》等刊登。由于课题能持续发展,生命力强,实效性高,从而让一大批教师特别是年轻教师在课题实践研究中快速成长起来。

(二)增强了教师的课程开发能力

童谣是学校自己开发的校本课程,它的开发成功,是全体教师、学生齐心协力的结果。校情分析,课程目标的设置,课程组织、制订、实施、评价等环节,特别是教材的编写、教学途径和课堂教学模式的探索、评价方式的确定等都是经过大家一次次的分析、讨论,最终确定下来的,教学案例的汇集也是集众人之力编写的。由于童谣课程实践途径多,要与学科结合,所以对各个学科的任课教师来说既是挑战,也是机遇,他们能借助课题研究的平台,增强课程资源运用意识,增强对学科课程的再度设计能力。

(三)提高了教师的课堂教学能力

随着童谣校本课程开发的推进,我们的教研活动也随之展开。每隔一周一次的学校童谣教学教研活动成为老师们阐释童谣教学理念、放飞童心的练兵场。通过上课、听课、研讨,促进了教师教学水平的提高。以前课堂中缺乏的诗意和人文关怀,开始荡漾在我们的课堂。童谣与语文、数学、音乐、美术、体育等课程的结合,使这些学科的课堂充满了灵性和创意,如教师胡志丰和许淇的美术课"画中有童谣";徐燕的音乐课把学生写的童谣谱以曲调进行传唱;叶亚敏、洪海霞的语文课中童谣情意弥漫,有浓浓的文学气息,诗化的课境开始在我们身边出现,从而充分展现了教师巧妙运用课程资源的高超艺术。

胡志丰和许淇等教师在校童谣节童谣教学观摩研讨展示活动中展示了童谣教学,受到了听课教师的好评。在2005年举行的建德市课程课改巡回展示活动中,谢秀芳所执教的"红领巾,真好"一课更是赢得了满堂彩。

三、提升了学校的办学效益

"自悟共创——学生生活新童谣"校本课程开发实践研究是学校的核心课题,具有强大的生命力,带动了学校德育、教科研、新课程开发、校园文化建设、儿童文学教育、学校特色创建等一系列工作的有效推进。浙江《教育信息报》等省市级媒体都对我校的童谣教学给予了积极宣传报道,建德市教育局领导也对我校的童谣校本课程开发成绩给予充分肯定。同时,"自悟共创——学生生活新童谣"校本课程和《新童谣报》等一批具有教育价值的物化成果,对于一所农村小学来说实属不易,大大提升了学校的办学效益。因此,"自悟共创——学生生活新童谣"校本课程的开发与实践的成功经验必将推动新一轮校本课程的开发与实施,将童谣教学研究引向儿童诗、儿童故事等儿童文学研究将是我们下一步研究的方向。

本课题研究成果表明:

一、"学生生活新童谣"是学生喜闻乐见的,满足了学生健康的心理需求,是符合时代发展要求和新课改精神的。

二、"自悟共创——学生生活新童谣"校本课程的开发与实施过程是学生自主和谐发展的过程:思想品格得以净化,人文素养得以提升,美好情感得以培养,良好行为习惯得以养成,创新能力得以提高,开朗乐观人格得以塑造,个性得以张扬。

三、本课程建设让全体教师积极参与进来,对教师综合素养提升具有积极意义,如促进了教师教科研能力、课堂教学水平的提升。

四、本课程的开发能有效提高学校德育工作效率,是学校开展德育工作的主渠道,是全面实施素质教育的有效途径。

五、本核心课题具有强大的生命力:纵向做强,随着课题不断深入,挖掘课题的更大价值,可以带动整个学校教科研、新课程开发、校园文化建设、儿童文学教育、学校特色创建等一系列工作的有效推进,提升学校的办学效益;横向做大,成果不仅可在本学校推广,也可向周边学校、县市推广,这对于落实"科教兴市"战略和推进"两个文明建设"具有深远意义。

参考文献

[1]徐玉珍.校本课程开发的理论与案例[M].北京:人民教育出版社,

2003.

[2]钱理群.语文教育门外谈[M].南宁:广西师范大学出版社,2003.

[3]方卫平.逃逸与守望——论九十年代儿童文学及其他[M].北京:作家出版社,1999.

[4]周晓波.当代儿童文学与素质教育研究[M].北京:少年儿童出版社,2005.

[5]蒋风.儿童文学教程[M].北京:高等教育出版社,2005.

[6]施良方.课程理论——课程的基础、原理与问题[M].北京:教育科学出版社,1996.

[7]崔勇谋,许科甲.童谣100首[M].沈阳:辽宁少年儿童出版社,2004.

[8]樊发稼.中华新童谣[M].杭州:浙江人民出版社,2005.

[9]樊发稼.快乐新童谣[M].杭州:浙江少年儿童出版社,2005.

（本课题获杭州市第三届国家基础教育课程改革优秀科研成果二等奖,2006.5）

教师教育与个性成长

改造教师的学习

学习,这是人们再熟悉不过的字眼,却让人们费尽了心思。到底应该学些什么,怎么学,用什么方法学才有效……人们一直在不停地探索。相关的学习理论书籍也众说纷纭,莫衷一是。听起来似乎每种理论都很有见地,但一旦实施起来才发现只不过对学习本质的研究初见成效。学习啊,你真叫人琢磨不透。随着知识经济时代的到来,世界各国都在积极倡导构建学习型组织,创建学习型社会,建立终身学习体制。人们也越来越意识到,学习在推进人类文明进步、发展中起着不可替代的重大作用,甚至与每个人的命运联系在一起。学习被人们摆到了空前高的位置。目前出现的考试枪手急剧增多,作弊花样不断翻新,假文凭、假学历屡禁不止的现象,是一部分人对学习新挑战逃避和对学习重要性认识异化的结果。我们许多人都为学习所惑,为学习所困。

教师肩负着教育下一代的神圣历史使命,教师有责任及时掌握科学研究的前沿知识,必须熟悉人类在探索自然与社会发展中所取得的新成就。教师要成为学习的先锋,成为学生的楷模。如何安排自己的学习,怎样有效地改造自己的学习,尽快提高自身的学力,是现代教师所面临的新挑战,是摆在教师面前的首要难题。接下来,就改造教师的学习这一话题谈点个人看法。

一、传统学习:继承与模仿

继承与模仿的学习方式,是延续多年的人们最为熟悉的学习形式之一,它的要求是熟悉和掌握已有知识、技能,强调的是知识、技能的积累。是什么原因导致继承与模仿成为我国最主要的传统学习方式之一呢?

首先,我国有漫长的封建历史和持续 1300 多年的科举制度。一直以来统治者崇尚前人、古训,推崇先贤、圣祖,厚古薄今,特别强调传承前人、先贤、圣祖的思想、学说、遗训,并仿效前人的处世态度和处事方法,教育下一代一心只读圣贤书。汉朝提出独尊儒术,明清两朝科举只考八股文。历史催生继承与模仿的传统学习方式,影响一代又一代中华儿女,并延续至今。同样,这种学习方式也藏在大多数教师的脑海深处,这确实令人担忧。

其次,不知从何时起,人们就习惯把人的一生分为两个重要阶段,一是学习阶段,主要指的是青少年在校学习时期;二是从业谋生阶段,指的是完成学业,走出校门后直至生命终结。并且,把两个阶段截然分开,认为青少年精力旺盛,记忆力好,经验不足,只要死啃书本,熟记书中知识,就够其受用一生,创造发明、著书立说、体验社会、改造自然是从业后的事,青少年阶段可以不用管。由于许多人都经历过十几年的校园生活的熏陶,经受了 4000 多个日夜的艰苦训练,所以人人都练就了一身继承与模仿的硬功夫,并扎根在心灵深处,对他们走出校门后的再学习产生很大的冲击。难怪我们的教师还习惯于死记硬背教材、讲义,鼓励学生背诵。又如,我国持续多年的文凭热持续不退,用人单位招人还是很看重文凭,不看重实际水平,更忽视人品,往往高薪引进高学历人才而又令其无用武之地。这些很不正常的现象,在很大程度上是由于继承与模仿的传统学习方法和过于看重书本知识的观念在作祟。教师和学校目前也未能摆脱这一怪圈,这要引起大家的警惕。

另外,我国的教育管理体制还没有完全摆脱以知识量为主要标准,并以书面考试为主要形式来评价学生的弊端。同样还是以"学富五车"为标杆,以"学识渊博"为目标,以"熟能生巧""书读百遍""吟诗三百"为主要学习方式。在继承与模仿的学习方式的培育下,我国历史上造就了一代又一代熟读圣贤书的优"仕",也培养了一批又一批能说会道的"雄辩家"。当然,他们在一定时期为灿烂的中华文化做出过贡献。

所谓继承,是继续前人未竟之事业或承接遗业。模仿,是指仿照一定榜样做出类似的动作或行为的过程。两者都是着眼于过去。没有继承与模仿,创新就会失去基础。学习是在有效继承和模仿基础上的发展,但继承与模仿不是学习的目的。传承优良传统,掌握语言和技能的最初阶段,都要借助继承与模仿。自觉地继承先进的知识与模仿榜样,可以吸收别人的经验和知识,作为进一步创造的基础。教师应该对继承与模仿的作用与地位有一个比较清醒的认识和科学的评价。

二、现代学习:反思与批判

一提到反思与批判,人们很容易把它与否定与摒弃联系在一起,这是对传统反思与批判的一种曲解。

现代,本义是当代。当今是一个知识经济化、信息产业化、经济全球化的时代,面对知识的爆炸,信息量的几何级上升,各国经济、文化交流日益频繁。由于各国文化背景、思维方式、价值观念不同,难免时常发生碰撞。反思与批判是改变传统思维模式的主要手段,是与世界各国进行经济、文化、政治交流,融入世界大家庭所必须具备的基本素养。教师的学习方式也应该随之而改变。

原因之一，反思与批判的学习方式，包括揭短纠偏，即否定与修正。一直以来，我们尊重书本，听从教师，敬仰权威，学习中重视对书本知识的记忆、背诵，模仿教师的言行，相信权威的结论，不分优劣全盘吸收，很少去思考书本有无差错，教师有无不足，权威可否怀疑。其实，任何知识与技能都有一定的历史局限性，把它们移植到当今社会肯定有不合时宜的成分。何况知识和技能本身也存在一些谬误，所以我们要客观分析。随着科学的进步，科学研究手段与设备的改进，我们要培养在浩瀚的知识海洋中明辨真伪的能力。能否剔其糟粕，取其精华为我所用、为今所用，这是检验一位教师学力的重要指标。

原因之二，反思与批判不能仅仅停留在揭短纠偏的层面，而应该着眼于对原有知识、技能的大胆选择、补充、拓展、延伸、深化、发展和创新，给原有知识技能注入新理念、新科技的血液，对原有知识技能结构进行改造。如，新一轮课程改革要从原来知识本位、学科本位的课程设置基础向以人为本、以人的发展为本的课程目标转向，这实际上就是一种对课程比较深层次的改造过程。又如，邓小平理论是对马列主义、毛泽东思想的创新发展，假如没有邓小平理论的指南，中国就可能不会有今天的辉煌。同样，没有反思与批判也很难有创新与发展。

原因之三，如今知识更新的周期呈加速缩短，据说知识总量每500多天就翻一番，大学一年级所学的部分内容到大学三年级时就已经过时了。假如只满足于对原有知识技能的补充、拓展、延伸和发展，很快就会出现新一轮的过时和淘汰，这是21世纪全球发展趋势所决定的。因此，我们不能停止不前，要预测未来，预见知识和技能发展的步伐和规律，设计教育和社会发展的前景。要始终站在时代的前沿，洞察全球教育发展的趋势，展望社会发展的方向，展望祖国美好明天。

我们既不能浅尝辄止,也不可能寄希望于一蹴而就,而应该准备经历一个阵痛与长期艰难磨合相结合的学习改造过程。

三、成人学习:解决现实问题

教师是一个庞大的成人群体,绝大多数都经历了继承与模仿为主要学习方式的历程,同时又为了适应形势发展的需要参与了热火朝天的高层次学历进修。是否取得学历后就可以一劳永逸了?在取得学历后我们还应学些什么?如何设计和描绘终身学习的蓝图呢?应该集中精力解决工作、生活和学习中遇到的一些现实问题,尤其要善于认清、解决和处置在教学和管理中出现的一些新情况、新问题,在解决工作、生活中的实际问题中学习。这就是成人学习与学生学习的最主要区别。那怎样才能有效地解决教学中所碰到的问题呢?

1.善于提炼问题。爱因斯坦说过,发现问题比解决问题重要。他所指的问题不仅仅是一些小问题,而是带有一定规律性、普遍性和典型性的问题。教师每天为问题所包围,但又苦于提炼不出问题,这不利于问题的解决。关键是没有把提炼问题与学习有机地结合在一起。一是为问题的表象所迷惑,一时抓不住问题的本质;二是未能把教育学、心理学的相关知识运用到实际工作中;三是校际、同事间、与学生家庭和社会之间缺乏沟通;四是面对瞬息万变的新情况不够敏感,没有采取相应的对策。为此,教师要善于透过现象抓住本质,掌握必要的规律,注重沟通与合作,做到不害怕、不回避问题,要提高热情,主动出击,及时总结,补充不足,填补空白,把握主动权。提炼问题的过程本身就是一种涉及范围更大、包含更丰富实践性知识的学习活动,是一种更有效、更有意义的学习。

2.及时解决问题。我们都知道提炼问题的目的是更好地解决问题。解决好一个问题并不是容易的事。因为问题都有一个复杂的背景,有一个潜伏期。不及时解决会小洞不补,大洞吃苦,处理不妥会留下隐患。所以处理问题要及时、适度、有效,并且要注意不挫伤师生积极性,保护国家和学校利益。解决问题的过程是教师学习能力综合体现的过程。它需要理论的指导、经验的传授、方法的选用、案例的剖析、同行的合作、成功的借鉴等。很多东西是书本上根本没有或学不到的。可以说每次问题的解决都是对教师本人学习综合情况的一次很好检验和对教师的一次洗礼。

3.及时总结提升。问题的解决令人振奋,使人轻松。假如沉湎在解决问题的喜悦中不能自拔,那就太可惜了。应该及时地从理论上、实践上做全面的总结和反思,并形成书面文稿。可以在问题解决后,也可以边解决问题边总结反思。形式可以是集体讨论与个人总结、反思相结合,从而提升对问题的认识。日积月累才能做到对教学和管理中的问题处理起来熟能生巧、触类旁通。学以致用是学习的出发点,更是学习的归宿,这种在解决问题中充实、丰富,在总结和反思问题中提高的学习,是一种最有效、最有现实意义的学习,是教师努力的重要方向。

学习问题是一个非常复杂而又不可能彻底解决的问题,以上阐述的三种基本的学习方式只是一家之言。三种不同学习方式要因人因时而异,有所侧重。如,那些基础知识、基本技能不够扎实的教师要多继承与模仿,多掌握书本知识;那些学习成绩优秀、有良好阅读习惯者,要引导他们多反思与批判,少些书卷气,不做书呆子;对那些"君子动口不动手"的"理论家",要引导他们深入实际,多做调查研究,与师生打成一片,做些实际工作,使他们在解决问题的过程中成长。教师普遍存在书本知识掌握有余、反思与批判习惯不够、解决问题的能力较差的情况,所以要在反思与批判中解决教学中的实际问题,在解决问题过程中锻炼自己,特别需要提高解决普遍问题的能力。三种不同的学习方式没有优劣之分。三种学习方式都非常重要,在不同时期应该有所区别地对待,不能犯肯定一种而否定另外两种或一种的毛病,何况学习方式也是在不断改进和发展的。学习是教师成长的主要途径,研究和改造教师的学习迫在眉睫,义不容辞。

(发表于《继续教育》2009年第7期)

诚信 服务 艺术 接纳
——教师专业化发展的角色转变

教师在教学工作中该充当怎样的角色呢？这是社会、学生普遍关注的问题，也是深化教育改革、全面推进素质教育、发挥学生主体作用、促进教师专业化发展的一个热点问题。教师应该充当指导者、服务者、合作者和参与者的角色。这在新一轮课程改革的《新课程标准》（实验稿）中有充分的体现。由于我国几千年的"师道尊严"在人们头脑中，尤其在教师头脑中打下了深深的烙印，尽管近几年在新课程实践中教师角色转变取得了比较大的成就，然而与教育改革的总体要求，特别是与教育发达国家相比，还显得相距甚远。从教师体罚或变相体罚、学校安全事故的一些报道中，我们不难看出某些地区的学校，教师在角色的转变上还是采取阳奉阴违、暗箱操作、换汤不换药的做法。所以要实现教师角色的真正转变任重而道远，必须引起全社会，特别是教育界的高度重视。

首先，必须对角色转变重要性、必要性、紧迫性有高度认识，要"洗脑袋"，解决理念、思想问题。其次，要找准角色转变的切入点，营造一种氛围，并采取相应的具体措施，逐步全面推进，实现水到渠成。另外，必须从提高综合素质的根源抓起。我觉得目前应从诚信、为学生服务的态度、教育教学艺术，获得社会、家长、学生接纳抓起。

一、诚信

诚信是人类社会文明进步的重要标志，是当今社会的重要公德,是法治社会、商品经济时代的基石。我国正处在社会转型的关键期,社会需要、人们呼吁诚信机制。以育人为本、塑造人类美好心灵为己任的教师,是先进文化的代表。教师必须在社会、家长、学生中树立诚信的高大形象,尤其是在平常细小的具体工作中,诚信对学生起着潜移默化的作用,是赢得学生信任与爱戴的基础。

(一)育人为本,遵纪守规。这是一名教师对党、对人民、对学校、对学生负责的前提,也是对学生最大的诚信。有令不行、有章不循、有规不依、有禁不止是严重的渎职行为,对学生是百害而无一利的。如严禁体罚或变相体罚、制止乱收费、减轻学生的课业负担、不歧视差生等一系列符合教育规律、利国利民、促进下一代健康成长的举措,得到了社会和学生的一致拥护。但某些学校、某些教师为了局部利益,置国家、人民利益于不顾,一意孤行,体罚学生,乱收费,搞题海战术,甚至发展到令人发指的地步。更有少数教师或领导,相互包庇。这样的教师在学生面前还有何诚信可言呢?

(二)言而有信,遵守诺言。教师在学生心目中的形象比较高大,往往是学生精神依托的主要对象,甚至超出父母,特别是小学低年级的孩子,教师是他们心中的偶像,"老师说的"一天到晚挂在嘴上。这份纯情是多么的可贵,要细心保护。遵守诺言是最要紧的。所以,一名教师必须说到做到,按时、保质完成本职工作。杜绝那种说得天花乱坠,做起来大打折扣;光说不练或说了就忘;布置作业,但不检查等现象。

(三)实事求是,坦诚相待。教师不是完人,必然存在不足,在工作中难免出现差错。但是只要实事求是,坦诚相待,照样能博得学生的充分信任。如处理学生之间的纠纷,也会犯偏听、先入为主或受个人情绪的影响等错误,但只要我们做深入细致的工作,及时纠正,并向学生说清楚,甚至道歉,就丝毫不会影响教师的形象。又如,在教学中难免出差错或遇到理解不透,甚至不懂的内容,我们必须勇敢地承认。信息社会,信息来源的渠道多,许多学生已会或已知的知识,教师不会或不知也属正常,教师可以向学生请教,和学生共同学习,使师生共同进步。教师要有在学生面前认错、承认不懂、主动向学生请教的勇气,与学生平等相处,与学生共同进步。

所以一名教师不管水平高低、能力强弱,关键是要在学生中树立诚信的好形象。

二、服务

一些人坚信棍棒底下出孝子。国外把学校教育划归社会公益事业,相当于服务行业。我觉得他们这样划分是非常有道理的。我们的教育改革也可以借鉴他们的做法。学生是我们的服务对象,学生是我们的"上帝",学生是我们的衣食父母。一切为了学生,为了一切学生,为了学生的一切。这不仅是一种发展趋势,更是教师的基本职责。学校要完善为学生服务的体制。

(一)为学生创设安全、舒适的学习、生活环境。不能也不可能搞一刀切,要以人为本,但也必须因地制宜,有所作为。学校安全责任事故的发生,传染病的流行,近视率的大幅度提高,部分责任在学校,根源还是服务意识不够强。

(二)尊重学生,发展学生特长,坚持校内无差生。把学生分为好、中、差,班级分为快慢班,学校分为重点学校、普通学校和一般学校,这些都是人为造成的,是不尊重学生的具体表现,因为其分类的依据是片面的、不科学的,是传统的等级制度和片面追求升学率在作祟。首先,要尊重学生,因为学生的人格是平等的,只不过存在个性差异而已。其次,学生既是发展中的群体,也是发展中的个体。受家庭、环境和个性差异的影响,其发展速度和发展方向肯定会有所不同。学生发展的差异是客观的,但贵贱是人定的,所以教师要尽量多鼓励,少指责,最好多给正面暗示,使学生不丧失信心,牢固树立校内无差生的信念。另外,教师必须根据学生特长、意愿和学校教育设施、师资,为每位学生制定近期和中长期发展目标,让学生尽可能地快速优质发展。

(三)深入学生生活,掌握学生心理,促进学生身心健康发展。掌握和了解学生的心理,进行心理辅导,开通学生心理热线,是多年来我国学校教育中的一个薄弱环节,近年来才得到重视。但某些教师,特别是农村中小学教师还没有认可,没有有效关注。学生出现焦虑、偏激等并非完全由个性造成,主要与其心理素质有很大关系。所以针对学生的很多错误行为,先不要从道德上找原因,更多的应该从心理上做文章。对学生进行心理健康教育,普及心理健康知识是目前学校教育中迫切需要推进的。在开展心理健康教育中,了解、掌握学生的心理是前提和关键。所以,教师要想尽办法深入学生生活,与学生打成一片,经常与学生促膝谈心,深入学生家庭及学生经常出入的社会场所与环境,同时,熟悉心理知识和心理教育,促进学生身心健康发展。

三、艺术

教育是一项事业,教学既是一门科学,也是一门艺术。事业成败的关键在于奉献,科学的价值在于求真,艺术的生命在于创新。科学知识,如果借助艺术形式来传播,会给人一种轻松、愉悦的感觉,做到寓教于乐,达到事半功倍的效果。教师不能当教书匠,而应该努力成为教育家。"匠"与"家"有着本质的区别。"匠"代表其掌握了某一项技能,而"家"是在熟悉某项技能基础上掌握了一定的艺术。技能应该是对某项工作规律和操作方法的掌握,所以比较严肃。而艺术是对技能的突破或升华,既符合规律,又有装饰、点缀作用,给人美的享受、心灵的撞击,符合大众的期望,也是人们对一种理想的高层次追求,艺以怡情,就是这个道理。就如掌握了过硬的造房子技能,不一定能够造出众人共夸的好房子,因为好房子包含大量建筑艺术的成分。这就是建筑匠与建筑家的区别。"家"应该是更高一层的,教书匠只是掌握了知识、技能,相当于掌握了教书的技术,它们基本来自书本知识或模仿他人的做法,缺乏创新。仅靠这些学生不一定乐于接受。而教育家就不同,有独到的见解,有不同于常人的方法,往往一语道破天机,几句话让人悟出一个道理,一堂课给人留下终身记忆,一次交谈给人启迪、顿悟和灵感,倍受欢迎,事半功倍。这就是教育家的教学艺术的魅力。每位教师对教育艺术的掌握程度会受天赋影响,但更重要的是后天锤炼的结果。所以教师不能停留在掌握书本知识、基本技能的一般层面,应该给自己搭建更高的平台,掌握更多的语言艺术、设计艺术、管理艺术等,努力向教育家迈进。既然选择了教师职业,就必须捧出一颗心来,无怨无悔地为教育事业奉献;静下一颗心来,潜心开展教学研究,掌握教学艺术;定下一颗心来,坚持在艰苦地区,坚持在繁重的教学一线,经受住各种诱惑,默默坚持这平凡而又崇高的事业;闯出一条新路来,形成独特的教学与管理风格,展现教学与管理艺术。教学艺术应是教师毕生的追求。

四、接纳

教师在家长、学生心目中树立起诚信的形象,形成了为学生服务的良好工作态度和习惯,并经过不懈努力掌握了一定的教学艺术,形成自己的教学风格,就具备了当一名好教师的主要条件。但每个教师的个性、特长和成长、生活的环境不同。所以,面对不同时期的不同要求,面对变化了的工作和生活环境,面对经常变化的工作对象,必须努力被对象和环境接纳。有了教师资格证书和高级教师的名头,不一定会被学生接纳。有了特级教师的荣誉,学生也不一定买你的账。这样的例子也不少。所以要处理好接纳的问题,这在角色转变中不可忽视。必须学会一套调节学生情感、情绪的本领,让学生从情感上接纳你。美国人都比较高,上课时老师站着与坐着的学生交谈会给学生一种居高临下之感,从而影响学生情绪,所以许多教师,特别是小学教师常常是蹲着与学生交谈,拉近了师生关系。他们也早已摒弃了我国教室中秧田式的座位摆法,而给人以家庭式的温馨。我国著名特级教师于漪老师一次去给一个矿山子弟学校的学生上课,学生知道于老师是来自上海的著名特级教师,又要面对教室里的许多听课者,显得很拘谨,因受拘束学生思维打不开,师生无法交流,课无法上。于老师面对不能被学生接纳的特殊情况,让学生们跟着一起唱歌:"请把我的歌带回你的家,请把你的微笑留下……"唱完后,她说:"我一定把同学们的歌声带回我的家,也请同学们把我的微笑留下……"几句简短的话拉近了师生间的距离,继而同学们思维活跃,大胆发言、提问,整堂课上得非常成功,给听课者留下了难以磨灭的印象。因此,教师必须用真情去呵护每一个学生,必须用友情去接近每一个学生,必须用师生情去引导每一个学生,参与到学生的学习、活动和生活中,让每一位学生自觉地全方位地接纳你,把你当作他们的贴心人。

教师角色能否得到根本改变,不仅关系到新一轮课程改革的成败,是《新课程标准》是否执行到位的关键,也是影响全面深化素质教育成败的重要因素。因此,我们每一位教师要自觉实现自我角色的转变,社会、家长要督促教师改变角色,各级政府和教育行政部门也要设法推进教师尽早转变角色,促进教育事业和谐发展。

(发表于《浙江省特级教师文库》2004年10月)

训练能"秀"的教师团队：
教师教育新思路

【摘要】 中小学教师素养与新课程改革对教师素养的要求不匹配已成为困扰深化课程改革的主要难点。深化课程改革迫切需要具有个性的教师团队，即能"秀"的教师群体。学校发展也需要能"秀"的教师团队。

【关键词】 教师教育　呼唤　团队　"秀"

随着新课程改革的深化，人们越来越意识到课程改革要反对"作秀"的教师，但需要能"秀"的教师，更需要能"秀"的教师群体。

一、教育发展呼唤能"秀"的教师

作秀，有三个义项：一是表演、演出；二是指为了销售、竞选等而进行展览、宣传等活动；三是弄虚作假，装样子骗人。（《现代汉语词典》第五版）近几年来，人们普遍忽略了作秀的前面两个义项，重在使用贬义的第三个义项。为什么作秀一词出现的频率那么高？这与当今人们过于浮躁的心态蔓延有关。这也导致一些该"秀"的行业、该"秀"的场面、该"秀"的时机不敢真正"秀"起来，为人低调、夹着尾巴做人成为一些行业的时尚，这是一种误导。如教师就应该能"秀"自己，需要经常在学生面前秀秀自己，这是一种很好的教学手段。再说,"秀"的原意是"特别优异",引申为在某方面有特别优异的表现。教师对学生成长起着非常重要的作用,只有教师能"秀",学生才会"秀"得更好,从而促进学生快速成长。

教师角色集导演、演员和示范于一体,能"秀"是教师角色的核心。

一是教育发展的需要。人文性、开放性、国际性是现代教育的根本特征。为适应现代教育发展的需要,需要具备特长、具有开放思想和国际视野的教师群体与之匹配,否则教学改革就会落后于现代化教育发展的步伐。

二是学生对教师的期盼。学生最喜欢怎样的教师?怎样的教师才会给学生留下深刻印象?怎样的教师才会影响甚至决定学生的命运?自然是那些有思想、个性、特长,掌握一门或几门绝技的教师。这类教师是教师队伍中的佼佼者,会经常在学生面前"秀"自己。这类教师也是学生心中的偶像。教师能"秀",是他们内在的个性、智慧在起作用。教师能"秀"最易激活学生模仿教师的激情和创新思维。儿童是天生的"创造者",争强好胜、猎奇是他们的天性。教学实质上就是以教师的学识、个性、特长、技能带动学生的学识、个性、特长、技能逐步走向成熟的过程。这也是培养学生个性、激发学生思维、开发学生潜能的必经之路。有怎样的教师就能培养出怎样的学生。个性教师是学生的期盼,也是新课程改革对教师素质提出的新挑战。事实上,学生最乐意谈论和最留恋的就是有个性、特长的教师。

三是教师角色转变的需要。新课程、新理念、新教材要求教师自觉实现教师角色的有效转变。传统的教师形象强调谦逊、庄重、内敛,做"敏于行而讷于言"的内秀型的谦谦君子。这类教师适应应试教育的需要,留给学生的是必须绝对服从"师道尊严"的形象。这种思想保守、行为拘谨、缺乏特长和技能的教师不可能履行现代学校教育的义务，更不可能承担以学生个性发展为核心的素质教育重任。教育大计教师为本，造就一支学识渊博、技能型的教师群体势在必行。

所谓大师，是学术之大、个性之大、技能之大也。我国近代的一批教育大家，如胡适、鲁迅、蔡元培、弘一法师等都是个性鲜明、学有专攻、特长鲜明者。短期要想造就这样的教育大家是不可能的，但努力培养一批能"秀"、会"秀"的教师群体还是可能的。这是教学改革对教师素质的呼唤与期盼。

二、学校发展需要能"秀"的团队

教育的主体是学生，引领主体发展的关键在教师。教师是促进学校发展的中坚力量，起顶梁柱的作用。北大精神、清华校风、浙大的辉煌等，是由这些学校的教师群体造就的。"一个好校长就是一所好学校"是有前提的，其核心条件是有一群拿得起的、颇具个性的教师。否则，再好的校长也只能"巧妇难为无米之炊"。能"秀"的教师是中小学教师中的骨干分子，借助他们的力量组建具有战斗力的教师团队是明智的选择。

1.学校发展的强大动力。教学改革的最主要目的是促进学校发展，促进学生成长，促进教师发展，促进学校教育适应社会发展的需要。其中的关键力量是教师。

一是实现办学特色。学校特色是学校的生命力，学校特色至少有两个层面。第一个层面是学校类型。如幼儿园、小学、中学、特殊教育、职业中学等有不同的办学目标以及不同的教学对象，应该各具特色，否则就不能生存。如职高，若采用的是普高的办学模式，肯定很快就会被淘汰。第二个层面是特色。同类学校所处地域环境、地方文化、教学条件等不同，如果采取一刀切的做法，显然是违背教学规律的,也是行不通的。因此,因地制宜,因校制宜,从实际出发,在不违背教育方针的前提下鼓励特色办学,是非常必要的。扬长补短,张扬个性,更有利于学生潜能的发挥,更有利于学生的健康成长。而办学特色的选定和持续发展关键要依赖教师的力量、教师的智慧。没有一支有特色特长的教师队伍,办学特色就无从谈起。

二是实现学校创新。创新是学校的灵魂。学校教育的主阵地在课堂,课堂离不开教师,教师是课堂主宰。学校创新的核心是教学的创新,是课堂教学的创新。因此,只有让一批具有个性、特长、创新精神的教师把守主阵地,推动教育教学创新,才能逐步推动学校的整体创新,学校才能健康、有效、持续地发展。

三是促进学生全面发展。学生的个性发展与全面发展的目标是一致的,千万不能理解成两个对立的概念。以全面发展要求每位学生是不可能的,也是做不到的。个性发展主要针对学生个体而言,只有学生的个性得到尊重和发展,学生的潜能才能得到充分挖掘。全面发展主要是针对一所学校的学生群体而言,一所学校的每位学生的特长都得到发挥,那么各种类型的学生就都有了,这所学校自然也就全面发展了。但一所学校的全面发展仅靠一两位有特长的教师显然是不够的,而需要有特长的教师团队。

2.开发学生潜能的引擎。学校教育仅局限在传授书本知识的层面是不够的,育人才是最主要的。学校是以人育人的场所。学生个性的培养、潜能的开发,不仅靠知识的启迪,更在于教师的言传身教。往往教师的某次赞赏、某次点拨,或教师的喜好等,会激起学生某方面的兴趣。笔者清楚地记得,高中时的一位数学老师在讲某道平面几何题解法的时候,慢条斯理地说道:"据说本道题有 57 种解法,我至今会 47 种。"接着整整用了 4 节课时间介绍他的 47 种解法,让学生大开眼界、五体投地,一下子激起了全班学生学习数学的兴趣。后来又听说,这位教师所教的班级每次高考数学成绩都名列全市前列。由此可见,有特长的教师在促进学生成长方面是何等的重要。可以说,教师的特长是开发学生潜能的引擎。

3.营造学校文化的资源。校园文化建设是一个热门话题,但是如何促进校园文化的建设,又是困扰学校的一个重要问题。很多学校热衷于墙体布置,热衷于对外宣传,热衷于学习其他学校,热衷于一年一个时髦主题。看似热闹,但浪费精力,花费也不少。这类校园文化建设用于应付检查与考核,问题是不大的。但是教师兴趣不大,学生触动不大,存在作秀的成分。一是对校园文化理解太肤浅,做法太浮躁。文化是一种共有的价值观,"无中生有""小题大做"往往很难奏效。因此,校园文化建设,要从当地自然资源、社会资源等实际出发,重点发挥有特长的教师团队的作用,进行挖掘、整理。让教师经常在学生面前亮相、展示,激发全体师生的兴趣与热情,然后组建社团等,营造气氛,使学生专心投入。二是学校文化建设过于急躁,过于功利,主要是为了宣传,为了获奖,为了获利,没有遵循校园文化建设的规律,没有深入学生的心灵。事实上校园文化建设的功能是多方面的。如练习书法,不光是让学生把字写好,能获奖,更主要的是让学生在练字过程中形成高尚的人格和良好的习惯,如平心静气、专心致志、富有责任心等。写字之外的功能能让学生受益终身。

总之,学校有效发展离不开有特长、能"秀"的教师。学校发展也不能光靠几位有特长的教师,他们的力量是有限的,光靠他们难成气候。学校想要快速有效发展,需要整合资源,建成团队,从而确立远大目标,使学校占领科学和谐的制高点。

(发表于《教书育人 校长参考》2013年第11期)

链接

个性教师：是坚守还是打磨个性？

"很有个性"用来形容教师是亦褒亦贬，它既可以理解为某位教师桀骜不驯、自以为是，也可以理解为其在某些方面具有突出的才能，不随波逐流，坚守理想。世界上没有两片相同的树叶，也没有两位性格完全相同的教师。每位教师都有自己的个性，但不是每位教师都是"个性教师"。

个性教师是具有与教学相关的某方面特长，同时在思想和行为表现上异于常人，甚至难以被一般人接受的教师。如有的语文教师具有很深的文学造诣，经常发表一些高质量的小说、诗歌，但对学校组织的集体活动不感兴趣，甚至不参加；有的政治教师，上课生动有趣，深受学生欢迎，但从来不写教案，不用多媒体课件。用常规的标准来判断，个性教师具有明显的出格之处，但他们总有一些优势，是其他教师无法企及的。

在学校教师群体内部，对个性教师的评价呈现极端化，有人高度肯定和欣赏，也有人嗤之以鼻。持否定态度者往往占多数。而在教师群体评价中被否定的，却有可能在学生群体中获得高度认可。但这种极端化，大多时候会给个性教师带来困惑，甚至障碍，如教师测评分数极低、与民主推荐荣誉无缘、背后有人说三道四，甚至被学校领导打压等等。

在困惑和障碍面前，是坚守个性还是打磨个性，是个性教师不得不面对的选择。

打磨个性是一个痛苦的过程。教师的个性与特长往往是一个整体,失去个性,其也极有可能失去与教学相关的优势,最终陷入平庸。名优教师中个性教师占一定比例,他们具有鲜明的个性是他们取得成功的关键所在。

具体来说,我认为个性教师成长中,以下几点尤其重要。

一、树立自信

教师的个性是实施个性教学的宝贵资源。教师如表现出不自信,则是难以坚守个性的。当前深化新课程改革强化了学生的选择权,促进了学生的个性发展。一位个性教师能引领、指导、带动一大批具有相同特长和兴趣的学生。学生的个性发展需要教师的个性化教学来保障。一位写不出高质量小说、诗歌的语文教师,即使参加了再多的学校活动,也难以给学生提高语文素养提供高效的指导;一位不能让课堂变得生动有趣的政治教师,即使教案写得再完美,其课堂也是没有生命力的。

二、发挥"鲇鱼效应"

一个没有个性教师的团队往往缺乏创新和开拓意识,进而使整个学校趋向保守、封闭,就如一潭死水。个性教师正是激活这潭死水的"鲇鱼",他们会改变教师团队和整个学校的面貌。

人无完人,个性教师专注于某一方面,而在一些规范的遵守上难免有些偏差,只要不违法和违背公序良俗,不是什么重大缺陷,就不必大惊小怪。对此,个性教师应有充分的认识,不应轻言放弃或改变。

三、将个性转化为创造

教师的服务对象是学生,学生是关键因素,学生的评价对教师有着决定性的作用。如果个性教师在教师群体中难以被接受,就必须赢得学生的广泛认可,否则两头不讨好,所谓的个性就没有意义了。

个性教师与一般教师相比，有明显的差别，这种差别不代表创造，但离开差别，创造也无从谈起。因此，个性教师应充分利用教学上的差别，克服消极因素，利用积极因素，扬长避短，开展创造性教学，打造受学生欢迎的个性化课堂。

四、让特长变得更强

对于个性教师的否定评价主要集中在不讲规范方面，而肯定评价则主要集中在特长上。如果让特长变得更强，获得的肯定评价就会更多，相形之下，规范意识不足之类的否定评价将显得微不足道。一些名优教师在教学上取得成就之后，周围人对他们有过某些"出格"举动的负面评价也就渐渐地淡化了。

人们常说"墙内开花墙外香"，在学校内部，离个性教师越近，看到的出格之处就越多。学校外部，离个性教师越远其特长越容易被人们认可。如果个性教师的特长获得了学校外部乃至社会的肯定，其校内的负面评价也会被赞誉淹没。某校一位语文教师写小说、诗歌，出版了多部作品，成了中国作家协会会员，学校不仅不追究他不参加学校活动的责任，还把他作为明星教师加以推介，校内教师对他也是好评如潮。

个性教师是学校的宝贵财富，更是学生个性发展的重要保障。学校应该珍惜个性教师，为他们提供更多的发展空间，而不是把他们当成异类进行打压；个性教师也应增强自己的适应能力，坚持个性，将专业发展之路越走越宽。

（发表于《中国教师报》2017年6月14日）

与不同类型学生对话的特点分析与策略研究

新课程改革实施以来传统的"独白式"教学已经被抛弃,民主、平等、和谐的对话教学理念越来越被广大教师接受。但平等的教学对话对绝大多数教师来说还是新鲜事物,把握起来不容易。尤其是大班教学前提下如何与不同类型的学生进行有效对话,是对话教学必须解决的首要问题。

一、与不同类型学生对话教学的必要性

对话教学,基于新课程以生为本的核心教学理念,也是新课程教学追求的理想目标。对话教学属于教学理念和教学精神的范畴,想在短时间里落实是不可能的,再说对话教学本身也要经过一个动态发展和完善的过程。要实现对话教学的理想目标,必须以规范深化师生课堂上的对话。这里所指的规范不仅指言语的规范、语音的清晰等,更主要的是指对话双方秉承平等、合作、分享的原则,做到尊重对方话语权,尊重对方的价值,尊重对方的人格。通过师生对话、生生对话,达到思想的碰撞、情感的交流、信息的互通、认识的提升、知识的创新等。在整个过程中有三点必须高度重视,一是教师始终是平等对话中的主导方,也就是说在对话过程中教师的启迪、点拨、组织、引导、评价作用不可忽视。二是尊重学生的人格,首先就必

须尊重学生的个性。人的个性是比较难改变的，也就是说在对话过程中教师首先要了解每位学生的性格特点，与不同个性的学生开展"因人而异"的有效对话。三是在目前普遍实行大班教学的情况下，教师要与不同个性的学生展开有效对话，这不仅是一种教学技能，更是一种教学艺术。只有具备了这三点才有可能理直气壮、深入细致地开展与不同类型学生对话的教学研究。

语文课堂教学不仅是学生语言的习得场、情感的交流场，更是对话教学的主战场、主阵地。语文教学应当首先承担与不同类型学生对话研究的责任，率先在教学中实现与不同类型学生开展有效对话，为实现对话教学的理想目标做贡献。

二、不同类型学生的特点分析与策略研究

教师要想在教学过程中做到有效地与学生交流，就应该具备在各种环境中与不同人进行有效交流的能力，要正确地认识自己和学生的交流风格，了解与不同风格学生交流的策略，建立顺畅的师生沟通渠道。汉密尔顿和帕克（Hamilton & Parker，1993）提出四种基本的交流类型，分别是封闭型、盲目型、隐蔽型和开放型。在语文教学中如何掌握它们的特点，应采取怎样的策略呢？

1. 封闭型学生的特点和相应对策

封闭型的学生总想藏在别人后面，不喜欢与他人接触，很少主动反馈。他们通常不被视作交流者，而且显得保守和漠不关心。封闭型交流者单独工作的时候极富生产性，比起冒险或尝试某个创新，他们更喜欢保持原状。他们觉得参加群体讨论、小组合作以及同学聚会等特别困难，会尽量避免参加。封闭型交流者的自信心很低，很少担任领导职务，他们通常被称为课堂中的"沉默一族"。要让沉默者不放弃自我，则需要教师对他们进行教育和给予生命的关怀，为

他们创造参与交往的环境和获得积极感受的机会。这种充满爱的融洽的师生关系就是与学生有效对话的黏合剂,它不仅促进了师生的相融,而且促进了对话的顺利展开。针对封闭型学生主要可以采取四个方面的策略。

策略之一:增加安全感。封闭型学生胆小,怕露面。所以教师与这类学生交流要小心,要讲求策略。比如话题打开后,不要期望他们先发言,甚至眼睛也尽量不朝或少朝向他们,尽量不要靠近他们,让他们在认真倾听他人对话的过程得到启示,达到心灵的沟通。

策略之二:减少互动性。封闭型学生不喜欢互动,互动过多会让他们产生不安全感,从而影响他们的学习与进步。所以教师平时就要考虑到他们这个特点,有意少安排他们互动。如,尽量不要让他们与盲目型、开放型的同学同桌,避免他们在与同桌交流中产生尴尬和不满。在分组讨论中尽量把他们安排在互动较少的小组中,当然更不应该安排他们当组长之类的"领导"。这样不仅不会影响他们的学习,反而会提高他们的学习效率。

策略之三:批评要委婉。封闭型学生对自己挑剔,难以接受外界针对性的严厉批评,甚至对全班的笼统批评也容易对号入座,从而产生过多的自责,而丧失学习的积极性,变得更封闭。所以教师在与这类学生偶尔对话时应尽量放大其优点,缩小其缺点,减轻他们的封闭程度。如,"尽管ⅹⅹ同学平时回答问题少,但一回答就答到了点子上"等。在注意委婉批评的同时也要防止过度表扬,否则同样容易触动他们敏感的神经而适得其反。这需要教师掌握好分寸,真正成为关注学生的贴心人。

策略之四:增加私下交流。封闭型学生拒绝公开表达自己的感受和愿望,教师别期待通过教育与交流改变他们这种特性。但教学对话要面向全体学生,使人人受益。该怎样处理?这就要求教师讲究策略，主要做法是增加私下交流的机会。如，上课前教师可以单独安排时间有针对性地就某一问题向他们征求意见和看法，课堂上借机介绍他们的观点供同学们参考；课堂上可以趁小组讨论之机，交换看法，从而了解他们的观点；课后与他们私下交谈。

2.盲目型学生的特点和对策

盲目型学生常常过于自信、骄傲自大，总认为自己的办法是正确的。他们喜欢与别人共处，还常常把别人当成听众，说话多于倾听，愿意给建议而不是寻求建议，赢得争辩而不是输掉。他们很忠诚，可依赖，乐于帮助那些需要帮助的人，不怕权威。他们通常被称为课堂中的"活跃一族"和课外活动的"组织一族"。对这类学生要学会"利用、压制和尊重"并举，利用其自信、积极和喜欢抛头露面的优势，压制其盲目、粗心和不服输的不足，尊重其人格，用好其好领头和乐于助人的优点。这不仅符合他们的特点，能起到扬长避短的作用，而且可以很好地维护课堂对话的顺利有效进行。针对盲目型学生可采取下列五项策略。

策略之一：积极引导。盲目型学生充满自信，乐于表现，其这一特长对组织课堂教学对话很有好处。在上课之初，抛出问题后，同学们相互观望，此时教师可主动借助这类学生，如，"我们在这个问题上需要你的帮助"，很快就能把沉默的局面打破。当问题讨论到一定的程度，进入关键时刻而又难以推进、出现冷场时，可借助这类学生，如，"在这个时候我们想听听你的意见"，有他们的回答，哪怕不是很准确，也可以把话题进一步展开，甚至可以从另一个角度打开话题。还可在学生意见难以统一时，借助他们乐于发表观点的特点，如，"你认为哪种意见最正确"，从而引导辩论。当然不能寄希望于每次都有效，教师还需要凭经验灵活把握。

策略之二：树立威信。盲目型的学生具有尊重权威型的教师、不尊重缺乏课堂控制能力的教师的特点,所以教师要强化自己的课堂组织能力,甚至与这类学生交朋友,提问、点拨、引导。评价要恰到好处,令学生心服口服。

策略之三:以理服人。盲目型学生通常喜欢争论,但不能虚心接纳他人意见。这导致他们容易出现偏差。所以在征求学生意见时,通常要给予提醒,要他们"不要太急,再仔细想一想",甚至可以就他们的观点展开全班讨论,缓解他们咄咄逼人的气势,直至让他们心服口服,从而让他们养成深入思考问题的好习惯。

策略之四:充当小老师。盲目型学生容易满足,他们往往不是学习扎实的代表,因为他们讨厌"温故而知新",认为复习学过的知识是一种侮辱。他们特别"好为人师"。所以,可以先让他们说说答案,提提建议,讲讲方法,然后再听取其他同学的建议和答案,这样做既满足了他们"好为人师"的心理,又可以让他们在听取他人意见的基础上纠正自己的不足,对于提高他们的学习质量,帮他们改正"盲目性"很有好处。

策略之五:活动组织者。盲目型学生乐于参加社会活动,喜欢担当活动的组织者,他们热情高涨,不厌其烦,甚至不怕挫折。新课程教学主张开放式,提倡充分利用和整合各种有用资源,所以可以借助盲目型学生的优点,让他们充当活动的发起者和组织者。但由于他们具有"盲目性",所以活动之前,教师要给予适当的辅导,考虑到可能出现的偶发情况,给予具体的指导,保证活动不出原则性的差错。这种隐蔽性的辅导与指导更容易激发这类学生的积极性,满足其成就感。

3.隐蔽型学生的特点和对策

隐蔽型学生把意见、观点和感情都隐藏在自己的心里,不愿表露。他们喜欢与别人互动,关心别人的成就和问题。他们常常被视为具有同情心的听众,乐于被别人包围。他们不太关心工作的质量,而更关心让一切事情都平稳顺利地进行。他们常常轻易地赞同别人,而没有仔细考虑这个问题的后果。他们通常被称为教学对话中的"城府一族",因为他们最有耐心,不轻易表态,而且不像封闭型学生那样表现出言行上的迟钝。他们有很好的认真倾听的习惯,时而也会有"一鸣惊人"的表现。这类学生往往容易被多数学生重视,特别是在对话过程中很容易成为想"一鸣惊人"的同学的期待对象,往往也会成为课堂高潮与精彩的缔造者。对他们不仅不可以忽视,还应该恰到好处地利用。针对隐蔽型学生的优点与不足可以采取三项有效策略。

策略之一:揭露假想。隐蔽型学生习惯于隐蔽自己的感情和想法,他们可能会点头表示同意,但实际上并不赞同。所以教师在对话中,不要被他们的肢体动作假象迷惑,要适时要求他们说说自己的观点和想法,否则,他们的观点就会永远隐蔽着。

策略之二:坦诚交流。隐蔽型学生往往怀疑他人的动机,所以与他们交流时必须非常明确、坦诚。教师或同学与这类学生对话,必须做到不设悬念,不拐弯抹角,而是直截了当,有啥说啥,他们才有可能坦诚交流。对这类学生博取信任是非常重要的。他们希望的是"多点真实性,少点艺术性"。

策略之三:鼓励交流。隐蔽型学生是很好的倾听者,很少发出信息,但这不代表他们不想交流,不想对话。只不过他们需要鼓励。在与这类学生对话的过程中,一是要赢得他们的信任,否则他们不会轻易启齿;二是语言要亲切,态度要和蔼,否则他们会爱理不理;三是要尊重他们的发言,尊重他们的观点和建议,要在集体争辩中纠正他们的偏差。

4.开放性学生的特点和对策

开放型学生是真正喜欢和尊重他人的人。开放型学生在发出和接受反馈时更为灵活,他们受到人们喜爱,富有生产性,乐于接受批评,积极地听取他人的发言。然而,他们与不同风格的人进行交流时,会显得言辞自由、随便,让别人因为其完全开放而感到不舒服。但如果时间受到限制或者处于非弹性的学校系统中,他们就会感到不适应。这类学生通常被称为"滑头一族",这一称呼不完全是对他们的贬低,而带有对他们的灵活性的褒奖,因为开放和灵活是一种潮流和时尚。但开放不代表模棱两可、左右逢源、丧失原则,所以教师要正确引导。针对开放型学生可以采取四项策略。

策略之一:预防莽撞。开放型学生在对话过程中容易莽撞而扰乱对话气氛,由于"过于开放"使对话漫无边际。所以教师在利用和激发这类学生对话时要有充分的准备,上课之初一般不鼓励这类学生先发言,给他们一定的倾听和思索的空间,当对话"卡壳"时适时利用他们的"开放"性格取得"柳暗花明"的效果。

策略之二:鼓励创新。开放型学生最大的优势就是具有创新性,具有创造精神。创新精神是新课程倡导的核心目标。创新确实不易,需要时间,需要资源,需要内心的争斗。所以对话过程中,对这类学生要尽量采取"先说说""再说说""考虑后再说""最后全面地说说"等引导,使他们的思维、观点趋于完善,充分展示他们的创新性和创造精神。

策略之三:充当领袖。开放型学生能说会道,知识面广,又具有较大的灵活性,常常是班里最受欢迎的学生,他们是学生意见的领袖。领袖必须具备人格魅力、组织能力和先锋观点。教师在对话过程中对"意见领袖"不能太"偏袒",有时甚至要故意表现得有些"苛刻"。对话过程中不能被"意见领袖"左右,要通过引导发挥其正面作用,把师生对话、生生对话引向规范、成熟和深化。

策略之四:激发潜能。开放性学生在交流风格上比较灵活,因为这种灵活性、开放性学生极易成为领导者。他们不仅富有生产性,而且拥有能够激发他人生产性的能力。这种对话的生产性主要是指对话风格和形式具有可模仿性,对话方法具有指导性。所以教师要善于利用这类学生树立"标兵",而且创造机会让他们总结、交流,为大面积提升全班同学的对话质量和水平做表率。

沟通和表达将成为21世纪人的核心竞争力,而支撑它们的是扎实的专业功底、宽广的知识面和良好的心态。不同类型的人有不同的沟通和表达方式。不同交流风格的学生有不同长处与不足。教育的目的是育人,育人的核心是让人从不完美逐步走向完美,对话教学的目的就是培养学生的沟通和表达能力。了解不同类型学生的特点,掌握与不同类型学生对话的策略,目的是发挥他们的优点,克服他们的缺点,从而培养他们走向完美。

(发表于《小学教学研究》2010年第9期)

班主任常规工作"十五字"要诀

【摘要】在班主任工作的重要性上我们的认识是一致的,但在具体做法和管理效果上差异非常大。造成这种状况的主要原因是对班主任工作的研究缺乏一致性。所以迫切需要制定耳熟能详的班主任工作要诀来指导班主任,形成班主任工作的统一性,提高班主任工作效率,减少班主任工作的差异所带来的负面影响。

【关键词】要诀 想得全 跟得紧 做得细 热情高 榜样好

班主任工作在学校管理中,在学生成长中,乃至在整个教育教学工作中都起着举足轻重的作用。其地位和作用也越来越引起有关部门和社会各界的高度重视,早已成为学校教师谈论和研究的热门话题。教育部颁发的《关于启动实施全国中小学班主任培训计划的通知》,不失为加快改善班主任工作的一剂良药。一线的班主任,虽然没有理论工作者想得那么深刻、系统、全面,但其实践经验对班主任工作理论发展是一种有效补充。有效的操作方法能突破班主任工作理论的局限,尤其是刚走上工作岗位的年轻的班主任已掌握了一定的理论基础,迫切需要具体的实践方法指导。本文就把多年来积累所形成的"班主任常规工作'十五字'要诀"介绍给大家。

一、想得全

古人云,人没有长远的考虑,不足以谋一时;人没有全局的观念,不足以谋一事。班主任工作也一样,必须审时度势,通盘考虑,必须以培养目标和学生发展规律为前提,从学校、学生实际出发,给班级一个恰当的定位。这就是"想得全"。那么,班主任到底要想些什么呢?目前班主任往往是对学生学习考虑太多,而对学生成长和健全人格的形成顾及得太少,在学习上犯了过犹不及的毛病,从而严重影响了学生的学习兴趣和成长以及班主任工作的效率。班主任工作既是一种管理,更是一种服务,必须从学生需要出发,服务于学生的发展。要把握教育改革和发展的正确方向,因为教育所培养的人要适应未来,需要有前瞻性。对班主任来说,必须正确地认识和了解班主任工作的现状和不足,了解改进的重点和努力的方向。从学生角度考虑,必须了解他们的知识基础、兴趣爱好和个性特点,了解学生的家庭背景和成长经历。班主任必须洞察社会大背景会对班级对学生造成的影响,了解所在学校的优良传统和文化积淀,了解上级部门对班主任工作的要求等。然后再考虑和设计班主任工作的基础、起点、目标和班级特色、风格,并制定相应的制度。除此之外,教师要养成反思的习惯,"经验+反思=成功"的工作思路不能忘。反思不是一般意义上的"回顾",而是反省、思考、探索和解决工作过程中发现的问题,具有研究性质。反思分为工作前、工作中和工作后三个阶段。工作前反思要有前瞻性,能有效提高班主任分析问题的能力。工作中反思具有监控性,能使工作高质有效推进,有助于提高班主任的调控和应变能力。工作后反思具有批判性,能使班主任工作经验理论化,有助于提高班主任的总结能力和评价能力,确保班主任工作持续提升。忌冲动、简单粗暴,要以审慎的方式行动,要从工作主体、目的和工具等方面获得体验。

二、跟得紧

班主任工作重在思,贵在行。深入学生,了解学生,与学生打成一片是班主任工作成功的前提。这就是人们常说的要"跟得紧"。"跟得紧"的主要目的是对学生有效监控,重要性是无可非议的。但许多班主任这样做后效果并不明显,反而招致学生的反感。学生认为这是对他们的不尊重、不信任,产生逆反心理。"跟得紧"的形式,有有形的与无形的之分,内容有直接和间接之别。要讲究"跟得紧"的艺术,才会受学生欢迎。习惯上的"跟得紧"和有效的"跟得紧"在内容、形式和艺术手段等方面有明显的不同。从"跟得紧"要了解的内容上看,有亲临现场直接掌握的一手材料,有从教师、家长和学生等方面掌握的间接材料。从形式上,有显性的亲临现场的近距离直接监控,也有隐性的不在现场远距离的间接监控和分析材料后的预测等多种形式。"跟得紧"的形式和手段有现场督阵、宽严相济、软硬兼施、唱双簧、锦上添花、雪中送炭等。"跟得紧"要全面考虑,做得周到,服务细腻,照顾学生个性和接受能力,让学生体会到班主任人在威严在,人不在魂在,老师在与不在一个样。"跟得紧"不是字面意义上的事必躬亲,全程监控,不离左右,也不是要充当学生眼中警察、暗探和告状者的形象,要做到在与不在的有机结合。

三、做得细

细节决定成败是早就被人们接受的道理。学生是成长中的群体,班主任工作更要强调细节。那班主任是否要每事必细,每场必到呢?这显然是不可能的,班主任工作只是教师工作中的一部分,教师还必须承担教学任务。"细"要注意时机和场所,做到粗细结合,粗中有细。在班级的"大政方针"上要有气魄,不能纠缠于细处。具体落实中要多做一些润物细无声的工作,让学生感觉到班主任的无微不至,无所不及,无时不在,无处不有,起到耳濡目染、潜移默化的作用。注重细节体现一种风格和对待事情的态度,可以培养学生细心观察、认真思考和正确对待事物的良好习惯,帮其形成从大处着眼、小处着手的良好的思维习惯和处事风格。

四、热情高

态度决定成败,热情决定效率。这对班主任工作来说是再恰当不过的。班主任任务繁重,要求高。学生是成长中的群体,变数大,易受外界因素干扰,难以掌控。这在很大程度上增加了班主任工作的难度,教师普遍不愿当班主任事出有因。班主任在学生面前表现得脾气暴躁、垂头丧气、魂不守舍和丢三落四,很容易传染给学生,影响学生学习的积极性和勇气。时间长了积重难返,会在学生心灵深处留下永远磨不去的阴影。所以班主任要有饱满的热情,在学生面前要表现得有使不完的精力,成为学生的榜样、依托。家长常说"孩子听班主任的",小学生也常称班主任为"我们的老师",可见班主任在孩子们心中的地位。学生尤其是小学生用"我们老师(班主任)说的"来表达对教师的信赖。一位称职的班主任一定会利用好家长和学生的信赖,保持良好心态,养成良好习惯,形成乐观向上的态度。对那些工作缺乏热情,对学生缺乏情感,性格软弱或喜欢施软暴力的教师,不能让其担任班主任,甚至要把他们清理出教师队伍。

五、榜样好

《论语》中说:"其身正,不令则行;其身不正,虽令不行。"强调了榜样的作用。每个人都有自己的偶像,有羡慕和模仿某人言行的欲望和经历。每个人的成长都离不开榜样的激励和熏陶。班主任要充分发挥好榜样的作用。学生需要哪些榜样呢?班主任以身作则、代课教师的精诚合作、书中先进人物的感人事迹、学生中的优秀分子、父母无微不至的关怀、社会上的好人好事、良好的社会风气等。内容要丰富,要注重人文精神。榜样要有意识地去营造、挖掘、培养和选择。榜样的作用主要靠班主任去揣摩、把握和引导。要以正面教育为主,同时了解反面形象的危害。

　　随着班级授课制的建立和推进,班主任成为人们公认的学校中举足轻重的角色。随着教育改革的深化,班主任已成为一项教师们既熟悉又陌生的工作。说它熟悉是因为大部分教师都曾经历过,积累了一定的经验。说它陌生是因为已有的经验不灵了。教育改革要求对班主任的角色、工作内容、形式等都做适当调整。但教师只要树立崇高的教育理想,有牢固的事业心,对学生充满爱心,有强烈的工作责任心,加强学习和培训,走班主任工作专业化之路,很快就会打开班主任工作的新局面。

　　　　　　　　　（获全国第二届班主任论坛论文二等奖,2009 年 11 月）

消极型小学教师群体
职称管理策略的思考

消极型教师群体是指在日常的工作、学习、生活等一系列的与学校有关的过程中,因个体的某些需求或利益没有得到满足,继而对管理者产生不满甚至怨恨的一些教师。他们往往以消极的心态,用个体或群体的形式抵制学校的正常教育教学管理行为,使学校内部产生各种离散现象,使教师的积极性得不到充分发挥。

教师是一个爱面子的群体,往往把面子看得比金钱更重要。教师对名声、荣誉、地位和社会与家长的反映等看得比什么都重。同时还要看到,教师是一个庞大的群体,一线普通教师占绝对多数,取得领导岗位或获得省市级先进荣誉的毕竟是少数,这不是多数教师追求的重点,也不是调动一线教师积极性的良药。

如何满足教师这种爱面子的心理,从而调动教师积极性呢?事实上很多教师把注意点集中在教师职称的评定上。评职称是"名利双收"的好事,谁职称高,谁先评上高级职称就意味谁的收入高,名声好,面子自然也就有了。利用好教师职称评审中的竞争优势这个杠杆是调动教师积极性的一剂良药。因为职称评定所设定的条件都紧扣教师的师风师德,都是与教师业务水准正相关的。教师间的这种竞争,首先是一种有利于提高教师综合素养的良性竞争。其次,职称评审主要是个体努力的结果,很少有损人利己的因素,不会影响教师之间的团结。学校和教育行政部门要善于做好教师职称评定和职称管理这篇文章，加速教师队伍素养的整体提升和教师积极性的持续调动，从而确保教学质量的整体提高和教育改革的顺利推进。

纵观小学教师职称评定的现状，主要存在两大问题。一是，中级职称太简单、太容易。大中专师范毕业生，只要安心工作，不犯错误，稍做努力，三十岁上下都能够轻而易举地取得小学高级教师职称（属中级职称，以下简称"小高"）。二是，高级职称名额太少、评定太难。小学教师有资格参加中学高级教师职称（高级职称）的评定，习惯上简称"小中高"（以下皆称"小中高"），是调动小学教师积极性、体现公平的一件好事。但由于名额有限、条件苛刻，目前评上的人只占教师总数的千分之几，并且多数集中在县城及以上的一些有名的好学校，绝大多数农村学校为零。评上"小中高"是绝大多数小学教师终身可望而不可即的事。这种职称评定体制直接导致的结果是，在未取得"小高"之前教师对自己要求比较严，工作积极性普遍高。可一旦获取"小高"之后多数判若两人，认为万事大吉，失去了竞争的动力。教师生涯的黄金阶段应该是三十至五十岁这段"年富力强"的时期。教师的"黄金二十年"在消极中度过实在是教师和教育事业的悲哀。教师的职业特点告诉我们，教学效果具有隐蔽性、长效性，教学业绩具有群体性。即，教师的工作效果往往得不到及时反映，但却往往会影响学生一辈子。从学生身上反映的效果往往不是某一位教师教学效果的反映，而是群体共同努力的结果。所以，教师可以精心再精心，仔细再仔细，周到再周到。尤其是小学生，如同一张"白纸"，蓝图画得美不美，画得精不精，教师起着非常重要的作用。同时教师日常工作中离不开精诚合作，这在很大程度上依赖教师的主动性。主动性也好，团队精神也罢，都离不开教师的事业心和献身精神。事业心和献身精神不只是挂在嘴上，而是要发自内心。教师工作不但难以计量,而且是一把双刃剑,既可以让你成为"天使",也可以让你成为"魔鬼"。"良心饭"是教师职业的形象比喻。加强教师的职称管理是保证教师职业道德不褪色的一种有效手段。

针对教师职称评定存在的问题和评审后缺乏管理的现实,如何改进小学教师的职称评定和管理呢?

一、抓两头缩中间

第一步,把"小高"职称评审的条件提高,年限加长。因为师范毕业后参加工作到评上"小高"期间是教师成长的关键期,把这个成长关键期定为四年,事实证明太短,这对一位新老师来说还是磨炼期,最多也只能成长为一位合格教师;定为七年也还是不够,也仅仅是合格后的提升过程,很少能形成特色与风格。以十年为宜,这个阶段多数教师已形成自己的基本特点和教学风格。教学风格是教学有效性的可靠保证,有风格是一位教师成熟的标志。照这样计算,一位七周岁入学的人正常情况下应该在二十三周岁本科毕业,再加上十年工作年限才符合"小高"评审的最低年龄标准,即三十三岁,多数评上"小高"的教师应该在三十五岁左右,这是一个比较适宜的年龄。如果这样做就把二十年的消极期减去五年。可能会有人担心,这个年限是否时间太长。如果真是这样,也可以通过适当调高小学二级教师工资标准的办法来解决。第二步,把"小中高"评审标准降低,增加名额。评上"小高"之前是教师成长的关键期,一定要抓好。但评上"小高"之后,教师的潜力还是很大的,这是造就学科带头人、名教师和特级教师的有效时期。学科带头人、名教师和特级教师尽管对其他教师起着非常重要的引领作用,但对调动全体教师的积极性作用还是比较有限的。明智的做法是为更多的教师提供职称评审的希望,即可以让多数教师也能够评上"小中高"。评审的年限可以从目前的小学高级职称后的五年提高到八至十年，教师大致在四十五周岁左右参评。这样做使教师在二十年消极期中有追求，对自己严格要求，既调动了教师的积极性，又促进了教师的持续提升。

二、再增设一档

假如"抓两头缩中间"的方案行不通，也可以采用"增设一个档"的办法解决，即在"小高"与"小中高"之间再设立一个职称，可以采用"小学高级骨干教师"等名称。目的是把持续二十年之久的消极期"拦腰斩断"，即分为两段。有追求、有目标就有动力。在追求中成功是人生永远不变的真理。对理想的追求和对美好前景的展望是每位教育工作者的共同心愿。

三、优化职称管理

上述两点讨论的重点是教师职称评审体制上的改革，这是省市级教育行政部门管辖的范围，学校只是照章执行，这里只是发表了一点个人设想。但教师"职前"的管理和"职后"效率的发挥主要应该落实在学校管理上。学校应该从关注少数骨干教师的引领示范作用上，转向发挥骨干示范和调动全体教师积极性相结合上来。只要把教师群体的思维和精力引向一致，还愁不成功吗？所以学校可以采取以下措施：一是针对不同职称教师制定不同的师德、学习、工作和教研要求，防止"高职轻责"等职称倒挂现象；二是努力发挥不同职称在教学改革中的作用，努力做到"骨干来引领，高职做榜样，初职重实践，整体促提升"的团队分工，使教师的成长和发展进入一种科学的、良性的、持续的理想境界；三是设置对不同职称有差异的考核与评价标准，对不同职称设置不同的考核与评价标准。目的之一，是防止对不同职称对象采取统一标准，界限模糊，从而引发矛盾。目的之二，不同的职称有不同的成长经历，采用不同标准是对其成长经历的尊重，教师非常看重这一点。目的之三，在贯彻以人为本的前提下，做到各尽所能，人尽其用。目前学校管理体制中存在的一个通病是对所有教师采取统一的考核与评价标准，这是严重违反教学长效要求的。谁都知道今天的高分不代表明天的高分，小学的高分不代表今后就成才。淡化分数重视整体素养是教育改革的重点和趋势，学校管理应该尽早顺应这一教育改革与发展的潮流。

教师积极性的持续发挥是一个非常重要，也是一个非常难以到位的工作。谁都明白，国家的振兴靠教育，教育的振兴靠教师。培养一支德才兼备的教师队伍是中华民族几代人的追求和梦想，也为之付出了不懈的努力。但根本出路还是改革体制与管理，所以教师教育与管理应该选择体制促管理改革、管理促体制改进的良性循环之路。

（向浙江省递交的督导报告，2012年9月）

校长演讲与行为鼓动

新教师培训开班典礼上的讲话

各位领导,各位新入职教师:

大家早上好!

今天我借新教师培训开班仪式的机会代表教师进修学校与大家谈四点想法。

一、衷心祝贺

在目前就业形势非常严峻的情况下,在座的153名新师能够走上教师岗位可喜可贺。在153名新教师中,高中段42名、初中段30名、小学段41名、幼儿园40名,其中新世纪实验学校16名、工业技校7名。你们是建德教育重要的新生力量。以下几点特别值得祝贺。

1. 心想事成。在座的新教师都是经过笔试、面试、体检和审查等多道程序的激烈竞争的成功者,心想事成,圆了教师梦。

2. 梦想成真。在座的多数从小立志当教师,你们都有当教师的情结,对教师职业有一份热忱,现在终于梦想成真。

3. 局长关心。刚才第一排的16名新教师有幸领到了由郑志华局长亲自签发的《教育常识》一书,开班仪式后,其他新教师也都将领到郑局签发的同样的书,这是很难得的。这种由局长为每位新教师亲自签发教师用书的做法在周边县市是没有的,在全国也是极为少见的。请你们不要忘记,这既是一本普通的教师用书,更是郑局长送给各位的沉甸甸的厚礼,它寄托着局长对你们的厚爱,寄托着对教育的浓浓情怀。在此,我们再次以热烈的掌声对郑局长的良苦用心表示衷心的感谢和深深的敬意。

二、职业认同

热爱本职工作,终身从事某项职业,其关键是取得了职业认同。否则,就容易倦怠,就会逃离岗位。那么,教师需要取得怎样的职业认同?

1.教师是自由度比较高的职业。教师是一项自主性、独立性、个性化比较强的职业,这是吸引一部分优秀人才从事教师职业的核心因素。如芬兰是OECD(联合国经济合作与发展组织)PISA测试多年第一的国家,原因是芬兰教师队伍集中了前5%的顶尖人才。他们的收入并不是很高,是什么原因让他们乐意从事教师职业呢?因为他们认为教师是一项自主性、可塑性比较强的职业,这样的工作可以为自己带来幸福。

2.教师是创业性比较强的职业。教师职业的自主性、独立性和个性化成分浓厚,这是教师职业创造性的先决条件。教师完全可以在教育教学实践中,总结出一套遵循教育教学规律的独特的行之有效的教育教学行为准则。这既是教师努力的方向,更是骨干教师、名教师、特级教师共有的品质,通俗地说就是有自己的一套东西。

3.教师是奉献性要求高的职业。教师是教育人的工作,不是谋生的职业,而是无私奉献的事业。教师的教育对象复杂,研究无止境,需要敏锐的观察力、深刻的思维能力、一定的沟通能力,要预见在先、决策在先、防范在先、行动在先,这都离不开无私的奉献精神。

三、职业发展

在座的教师都拿到了相应的"教师专业标准"。我们这样安排是有用意的,是为了使你们刚走上岗位就有对照标准,能找短板、补短板,尤其是非师范类毕业的教师。为什么刚走上工作岗位就要组织培训呢?这是教育发展对教师素质新挑战的需要,今后培训将伴随你们的整个职业生涯。大家对教师培训要抱着积极的心态。

1.遵守集中培训纪律。教育行政部门安排的教师培训是促进教师尽快成长、成熟的平台,各位教师一定要珍惜,保证按时参加每次的集中培训,严格遵守培训纪律,如签到、手机关机或静音、听课不浏览手机、及时完成作业、对培训及时评价和提出合理建议、特殊情况下请假。

2.遵守实践培训纪律。新教师的培训任务由三部分组成,一是教师进修学校组织的集中培训;二是学校层面的导师制,即学校要为每位教师指定一名指导老师;三是参加各类教科研活动和学习活动。集中培训组织起来比较容易,学校层面的一是靠学校,二是靠自觉。只有做到三位一体、齐头并进才能促进教师快速成长。

3.发掘潜能发展个性。名教师、名校长、特级教师,给人最大的感触是个性鲜明,思维深刻。发掘潜能、发挥特长是教师的成才之道,是名教师、名校长、特级教师的必经之路。为此,教师要在教学实践中发掘自身潜能,并有针对性地培植、放大、发挥自己的潜能,从而朝着能独当一面的骨干教师、名教师、名校长、特级教师发展。

四、职业规划

工作需要计划,人生需要规划。新教师要紧扣习总书记2014年在看望北师大国培生时提出的"四个要有":要有理想信念、要有道德情操、要有扎实学术、要有仁爱之心,围绕"教师专业标准"设计好短、中、长期的职业规划。

1.制定好长、中、短期规划:战略规划(长远规划)、战术规划(三年规划)、学期学年规划(半年及一年),内容要切合实际,措施要可行。

2.落实好实践的规划：如，记录好学情、校情，记录好自我成长，记录好生活。记录成长的轨迹，是很好的自我反思的手段。这是一个自我认识、自我教育、自我调整的好途径，希望你们利用好。叶澜教授说过："一辈子备课不可能成为一位名师，但如果写三年反思日记可能成为一名名师。"

3.把握教师成长规律。教师成长具有阶段性规律，要把握好每一个环节。研究表明，教师要经历五个重要阶段：职前阶段（专业知识学习）—新手阶段（重规范、规则）—熟手阶段（重技能、技巧）—能手阶段（重反思、改进）—高手阶段（重研究、发掘规律）。放弃或忽视任何一个阶段，都会影响其健康成长和有效发展。

教师成长有其特殊性、专业性和规律性，关键要有一颗热爱教育之心，能主动发挥主观能动性。再次预祝每位新教师自我尊重、积极努力、攻坚克难，在成长道路上一路走高。

（发表于《教书育人 校长参考》2018年第4期）

在新生家长会上的讲话

【摘要】在独生子女日益增多的时代,每位家长在教育孩子以及与学校和教师配合上都是"实习生",需要学校在入学时主动为家长讲清所要关注的问题,以免走弯路和产生误解,确立培养孩子的正确目标和正确方法,避免隔代教育的弊端,处理好孩子间的矛盾,使家长与教师沟通顺畅。

【关键词】新生家长　隔代教育　正确方法　沟通顺畅

各位新生家长,你们好!

非常感谢你们在百忙中抽出时间参加学校特意为你们举办的新生家长会。从今天开始,学校和各位家长将共同承担起教育孩子的重任。教育孩子是一个非常复杂的系统工程,任重道远。既然是共同的责任,又那么复杂,就需要相互配合、理解、支持。多年来随着我国经济快速发展,教育也得到了长足的进步,现在学校无论是师资水平,还是各项管理都已经很规范了,已具备教育好孩子的必要条件。目前存在的一个突出问题是家庭教育与学校教育不合拍、不匹配、不和谐,从而影响了教育的整体效果。这种不合拍、不匹配、不和谐的情况的原因是多方面的,不能把责任都推给家长,也不能都推给学校。今后我们要多沟通、多配合,弥补这方面的不足。这也是今天我讲话的主要目的。

我们新安江第二小学有着21年办学历史,其前身为新安江东区小学。21年来学校从小到大，管理从粗放型向精细化发展，取得不少辉煌的业绩，获得了许多荣誉。近年来，多次严州中学的高考、新世纪实验学校初一新生的第一名都是我校走出的学生。今年备受家长关注的新世纪实验学校初一招生中，我校考入学生40名，其中全市总分第一就是我校六年级毕业生朱遇安同学。我校得到了上级领导和社会各界的一致好评，被人们称为"出人才的学校"。目前我们学校校园面积、建筑面积小，学生活动场所有限，教室相对也小，在一定程度上影响了学生的活动，甚至危及学生的安全，这也给学校管理带来了一定的困难，目前我们在极力争取学校的扩建和改建工程早日开工，但一时还是很难到位的。接下来我就与各位家长谈谈教育孩子的问题。

一、培养孩子的目标要现实

因受计划生育政策的影响，多数家庭只有一个孩子。由于孩子少，好几代人都把希望寄托在一个孩子身上，几代人未能实现的理想也希望由这个孩子完成。由于期望太高，导致出现了宠爱和高目标的矛盾。家长一味地注重孩子智力的发展，总是想让自己的孩子考第一，但是每次第一名只有一个，是不可能满足所有家长的，而且每次考试都要当第一名也是没有必要的。给孩子定学习目标要现实点，从孩子的实际出发，要关注孩子在原有的基础上进步了多少，进步的速度怎样，懂事了没有，身体强壮了没有。孩子的成长是多方面的，不能只看重考试分数，不能只重视智力开发，要努力做到德智体美全面发展。早就有人说过："智力不好是次品，身体不好是废品，品质不好是危险品。"我们要培养的是身体健康、品德高尚、学习努力、爱国爱民、有理想、有担当、活泼的孩子。

二、培养孩子的方法要正确

培养孩子一定要走正道,"人之初,性本善",教育孩子就应该从培养善意、道德出发。随着年龄的增长、社会阅历的丰富,他们会主动融入社会、适应社会。如果过早地在孩子心中灌输负面的思想,孩子成人后很容易走上歧途。如有的家长认为孩子需要表扬,不能批评,教师不能批评他的孩子,导致孩子心灵很脆弱,因为"宽严相济"是永远正确的教育法则。又如有的家长对孩子说:"在学校里你不能吃亏,不能受人欺负,就是打架也一定要打赢,医药费我会掏。"导致该学生从小就有暴力倾向。我国是一个法治国家,有暴力倾向的孩子不仅容易引发校园欺凌事件,而且长大后是很危险的,在伤害别人的同时,要承担更大的法律责任,这样的孩子长大后很容易一辈子与监狱打交道。这样的例子我在从教三十年中见得太多了。有时我就明确告诉家长,他这样怂恿下去,他的孩子以后定会怎样,后来果真如此。

其次,孩子的习惯比学习成绩重要。孩子只有有了良好的习惯才能提高学习成绩,才能全面发展。一些家长总是埋怨学校布置的作业多,其实除了特殊情况之外,学校布置的作业量是有规定的,不会很多,很多时候学生作业做到很晚,多数是因为这部分学生做作业的习惯不好,如写作业时注意力分散、动作慢、做做停停、没有家长监督就不自觉等。习惯从哪里来?一是家长示范,二是过程监督,三是规范训练。最后,责任心是学生成长的法宝。

日本某些学校的校训是"把每件事做到底""尽量不麻烦别人"等,从小培养学生的责任心。日本还有很好的挫折教育、忆苦教育、毅力教育等值得提倡和借鉴,但前段时间宣传的虎妈狼爸的做法我不赞成。学生习惯的养成和责任心的培养关键靠家长示范和家长有意识创设环境和机遇。

三、避免隔代教育带来的弊端

隔代教育是目前我国教育中遇到的一个难题。按照心理学研究的成果,一个人最容易在第三代身上看到自己的影子。因此我国的爷爷、奶奶、外公、外婆特别喜欢孙子孙女,也很愿意带孙子孙女,他们带小孩的最大通病是对孩子无原则地宽容和无底线地溺爱。因此往往搞得孩子为所欲为,连父母都插不上手。孩子一旦有了为所欲为的毛病,就很难融入群体,甚至性格孤僻,喜欢伤害他人。我专门了解过一位学生的爷爷,他比较有文化,家庭条件也不错,对孙女特别宠爱,他告诉孙女:"谁要是动你,你就高声叫。"结果同学们知道她有这个毛病,就特别喜欢逗她、动她,引得她高声大叫,其他同学在边上笑。有人动她她就告状,结果班主任仔细一查,没有什么事,只是同学间的玩闹。有一次这位学生还跑到我的办公室,向我反映同学要动她,我通过深入了解后,找这位同学聊:"只要你改掉同学们一动你就高声大叫的毛病,同学们就不会随意动你了,再说稍微碰你一下也没有什么大惊小怪的。"之后她真的改掉了这个毛病。我还遇过一位外婆,她无原则地袒护外孙,她外孙犯点错、与同学闹点小矛盾、不做作业、不守纪律等,教师只要批评一下,其家长就都赶到学校怪教师,怪同学,常说教师这也不是那也不行,学校这也不是那也不行,同学这也不是那也不行。结果,这个学生在班上很被动、很孤立,他埋怨外婆"神经病"。由于方法不对,导致吃力不讨好。目前很快消除隔代教育的弊端是不现实的。但为人父母,一定要尽量自己的孩子自己带,自己看管孩子。即使难以做到也要尽量挤时间与孩子多接触,减轻隔代教育的负面影响。在此我想提醒家长:为了孩子的健康成长,尽量少应酬、少参与不健康的娱乐,改掉一些不良喜好。多陪陪孩子比什么都重要,因为亲情是不可替代的。

四、处理孩子间矛盾要冷静

孩子上小学就意味着又融入了一个新的群体，这个群体由来自不同家庭的孩子组成。它有别于几代人围着一个孩子转的家庭，也不同于幼儿园，幼儿园孩子小、人数少，在各方面也不如小学要求高。有些家长认为："孩子进入学校后所有的责任都是学校的，学校里发生的事全由学校负责。"这种想法是不对的。学校的责任是由法律规定的，学校的功能也是有限的。所以家长要明确自己的责任。

其次，学校只承担一定时间一定场所的监护责任，教师不是孩子的监护人。学校是一个人员集聚的场所，学生间磕磕碰碰、吵吵闹闹是经常有的，也天天发生。曾有家长对我说："校长我真佩服你们老师，我们一家六口人围着一个孩子都没办法，你们一个老师要管四五十个学生可真不简单。"在座的家长回想一下自己当学生的经历，难道没有与同学发生过矛盾，没有与同学动过手，没有过违规违纪的行为？因此，作为孩子的监护人，要主动承担监护责任，未成年人对他人造成伤害，监护人要主动承担赔偿责任，尽量避免矛盾激化。反之，被伤害一方也要冷静，对方毕竟是未成年人，无法承担民事和刑事责任，尤其是小学生还处在"没心没肺"的年龄，很少是恶意的，伤害多数是由玩笑或玩笑过头引发的，因此也要体谅对方，就事论事，及时处理。如我的一位朋友的孩子，因玩笑闹大与同学发生争执，结果抓破了对方的脸皮，学校把情况反映给我的朋友，他马上购置了礼品，带着孩子到对方家里赔礼道歉，结果到了对方家中，双方家长还没说几句话，对方家长气还没消，两个孩子已在阳台上有说有笑，搞得双方家长很尴尬，事情也就不了了之了。

五、家长与教师沟通要讲诚信

教育孩子是学校、教师和社会多方合作才能做好的事,要想取得好的效果关键要发挥合力,有效沟通,互通信息,相互配合。可以说,多数优秀的学生,其家长往往与学校、教师联系、沟通、交流比较多。多数表现不够好的学生,其家长往往对孩子在学校的表现不关心,不了解,与教师联系、沟通、配合不够。如孩子有从家长钱夹子中拿钱的不好习惯,多数是由于第一次拿钱时没有被及时发现或事后教育不够、教育无方而引发的。孩子喜欢说谎,往往也是由于第一次说谎没有被揭露。学校和家庭教育各有长短,需要互为补充。学校主要承担传授知识的责任,家庭主要承担道德教育的责任。如学生在学校犯了错学校是不可以体罚的,但家长知道后在家里可以适度地体罚。家庭教育无效时也可以借助学校教育平台,如在家里不好好完成作业可以告诉老师,要求老师采取一定的措施等。为此,教师和家长都应该把学生好的表现和不好的表现及时告诉对方,实现家庭教育和学校教育双管齐下和无缝对接。长此以往,学生就没有了欺骗家长、欺骗教师的机会,即使无意中犯了错误也能得到及时和有效的纠正与教育。孩子犯点错是难免的,关键是要处理和正确引导。家庭教育与学校教育配合的最高境界就是为孩子创设既宽松又严肃的成长环境,有效促进孩子健康成长。

我花了这么长时间,说了这么多话,目的只有一个,就是在学校和家庭共同努力下教育好孩子,教育好下一代。目前,孩子教育面临"三独"挑战,即家长是独生子女,孩子是独生子女,教师也是独生子女,"三独"相聚。要破解这一挑战,需要家庭、学校、教师、社会共同努力,在这里我不想多展开。家长们,今天是第一次家长会,以后家长会上学校都会分享更多关于孩子教育的知识,希望家长们都能参加。孩子教育重于泰山,希望我今天所说的能成为家长和在场教师的共同行动,成为互勉互进的动力。

谢谢各位家长,谢谢各位老师。

(发表于《教书育人 校长参考》2018年第2期)

我们爱科学 我们在行动
——建德市新安江第二小学首届科技节启动仪式上的讲话

科技改变生活,科技改变世界。我们每天的工作、学习、生活都离不开人类创造的科技成果所带来的便捷,日常生活中的吃、喝、住、行、穿等没一样是与人类所创造的科技成果没有关系的。我们生活在一个高科技的时代,我们在享受人类科技成果的同时,更要想到我们有责任为人类科技进步和创造发明做出应有的贡献。中华民族是一个勤劳而智慧的古老民族,创造了举世闻名的四大发明,促进了人类社会的进步,为改变世界、改善人们的生活做出了不可磨灭的贡献。

但我们还要清醒地看到,如今我们所使用的高科技产品多数不是出自我国,而是外国人的发明。有资料显示,从公元6世纪到17世纪,在世界重要科技成果中,中国发明所占的比例一直在54%以上,也就是说人类重要科技成果的一半以上是我们中国人的发明创造。而到了19世纪,剧降为0.4%,这也是我国19世纪遭受外国列强掠夺,遭受外国列强欺负,在黑暗中度过100多年历史的主要原因之一。历史经验告诉我们,科技落后就要挨打、受欺负、受凌辱,遭受落后、贫穷。尽管改革开放以来我国科技取得了突飞猛进的发展,国际地位日益提高,在世界上发挥的作用也越来越大,经济总量已经名列世界第二,仅次于美国,但与实现中华民族伟大复兴的"中国梦"距离还很遥远。据中国科学技术协会第八次中国公民科学素养调查结果显示,我国仅有6.20%的公民具备科学素养,落后于日本、加拿大、欧盟等发达国家和地区20年。这是一个惊人的数据,因此,我们要看清自己的不足,更要明确我们肩负的使命。如今社会上迷信盛行,许多人被一些伪科学冲昏了头脑,害人又害己。如看风水、看相、算命、名字测分、问仙姑、请神仙、求菩萨保佑、参与邪教等不信科学信鬼神行为屡禁不止,这些情况的发生与我国公民的科学素养普遍较低是有直接关系的。

为了祖国繁荣昌盛,为了中华民族的伟大复兴,振兴科技的重任落在了在座每一位同学身上。你们要从小养成爱科学、学科学、懂科学、用科学、用科技知识解决实际问题的习惯,用科学知识武装自己的头脑,使自己成为一名有高科学素养的现代人,为我国尽快缩小与世界发达国家之间的科技距离做出贡献。我们很痛心地看到同学中的少数学习不认真、不自觉、不刻苦、厌学情况严重,这是一种很危险的信号,是一种很不好的现象。希望有这类行为的同学认真接受教训,做到爱学习、爱科学。本次学校举办的"我们爱科学,我们在行动"的科技节活动内容丰富,有科普知识阅读、科技作品大赛、社会科技调查、项目研究、观看科普电影、查看相关网站、科技项目考察和参与科研部门活动等,历时近两个月。科技节期间我们还要表彰一批在科技节中表现突出的同学。学校举办本次科技节意义深远,将有效推动我校的科普活动,提升同学们的科学素养,促进同学们健康成长。因此,希望同学们人人参加,精心准备,学会与人合作,主动请人指导,创造属于你们自己的满意的科技作品。希望每位教师精心组织,耐心指导,全程服务,努力把本次科技节办成一次意义深远的科技节。在此,我代表学校,代表全体教师,预祝同学们科技节快乐,科技节有大收获,预祝本次科技节取得圆满成功!

2012年4月

新教师培训结业典礼讲话稿

各位领导,各位老师:

  大家好!

  我清楚地记得,2015年9月5日上午也是在这个教室举行了新教师培训开班典礼,接着由郑局长给大家做了教师成长的专题报告,下午由教研室主任赖国法为大家讲了《若干教学常规问题的探讨》。时间过得真快,近一年的时间就这样不知不觉过去了。这一年中在教师进修学校的周密安排下,在班主任陆月梅老师认真负责、精心组织下,全员集中培训10次,涉及10个不同方面,有效地普及了教育教学工作的一些常规内容,授课的领导和专家向在座的老师们传授了行之有效的经典做法和经验,取得了良好的培训效果。并圆满完成了一年里180学时的培训任务。参加培训的119名新教师(其中包括工业技校10名、新世纪3名)中有118名今天顺利结业。近一年来我一直在关注你们,应该说绝大多数新教师表现是好的,学习是认真的,是遵守纪律的。但我也看到少数教师的主观能动性不强,自觉性不够,如选择了不参加,选择了中途离开,甚至少数编出理由不参加或等班主任追查了才说要请假。这些都是与新教师身份不吻合的,希望在今后的培训和工作中不会再发生类似情况。

  今天我借结业典礼与老师们重点交流教师培训方面的三点想法。

一、对教师培训重要性要有充分的认识

20世纪90年代杭州师范大学继续教育学院提出:"学习是一种修炼,培训是一种福利。"教师培训是一种稀缺资源,能否参加培训要看你平时的表现,能参加一次高档次的培训同行往往羡慕不已。而如今为大家提供了这么好的培训平台,为大家提供了如此优质的培训资源和培训服务,部分教师却不珍惜,只是为完成任务而培训,为达到学时而培训,缺乏主动性、积极性,甚至把参加培训作为一种被动的无奈的行为。这说明他们对教师培训重要性、必要性了解不够,认识不足,需要正本清源。

1.培训是教师转变角色的需要。教师是一门技术活,不是说拥有了知识就能当好教师。教师要把自己已有的知识设法转化为学生容易接受的知识,转化为学生的自觉学习行为。有人把教师分为四类:深入深出(书呆子,目中只有自己)、浅入浅出(没脑袋,照本宣科)、浅入深出(笨脑子,一知半解)、深入浅出。前三种都没有实现教师角色的转变,他们在某种程度上是误人子弟。要实现教师角色的有效转变,参加培训是必不可少的。它可以有效缩短摸索的时间,使你少走弯路,快速成长。在座的走的是相同的招聘程序,水平差异是不大的,但可以肯定,几年之后差距会明显拉大。导致这一结果的原因是多元的,要么是自身的努力程度差异,要么是自身悟性差异,要么就是参加培训态度的差异。

2.培训是遵循教师成长轨迹的。目前,我省的教师培训机构拥有庞大的专业队伍,集聚了培训方面的人才,遵循教师成长规律而设计培训项目,并采取科学有效的管理,是教师成长中必不可少的资源。如教师成长大致遵循这样一个过程,即新手(培训重在规范)—熟手(培训重在技能)—能手(培训重在反思)—高手(培训重在研究)。为此,你们这一年的培训重点为规范,内容涉及教学、管理、交

往等教师素养的方方面面,目的是让大家熟悉规范。因此,少参加一次培训,就相当于少了某方面的规范知识。事实证明,仅靠一年的集中规范培训,教师离规范履职的要求还是蛮远的,还需要在工作岗位上边学边做边摸索,起码要在岗位上磨炼三至五年。人们常说,教师成长关键在前三年,能否成才主要看前五年,是有一定道理的。接下来的"十三五"教师培训,我省将实行分层分类和学分制,针对性更强,要求更高,管理更科学有效。

3.教师成长的迫切需要。教师、校长走专业化之路是世界教育发展的潮流,目前我国在这方面还处在初级阶段。记得去年9月5日,在开班典礼上,我要求我们学校专门为教师们分发幼儿教师专业标准、小学教师专业标准、中学教师专业标准。说实在话,光靠教师单打独斗是难以实现的,必须借助教师培训这个平台。这也是教师培训越来越受各级政府和教学行政部门高度重视的重要原因。我们认为,学校事故的频发、教师的离奇行为不断被曝光,主要与目前校长和教师专业化程度不高有关。

同志们要明确,培训不光是学习新知识,掌握新技能,更要转变态度。只有教师行动起来,培训才会有效益。

二、教师培训任务艰巨,责任重大

教师培训任务艰巨,责任重大,涉及面也广,上至党和政府,下至教师培训机构、各类学校和教师本人都要重视。教师培训的最终目标是促进教师成长。

1.与先进国家之间的差距。众所周知,德国对产品质量把关很严,他们对教师的把关也不例外。一个德国公民成为一名在编教师需要经过四关:第一,顺利考入师范院校;第二,在大学学习四五年后参加国家统一组织的第一次教师资格考试,此次考试中师范生在大学的成绩占40%,其余60%的成绩由国家教育文化部组织的考试成绩组成;第三,入职竞聘;第四,新入职教师必须参加为期两年的上岗培训,此阶段培训为每周一定时间在学校工作、一定时间在培训研修班学习,培训结束后,参加第二次国家教师资格考试,考试由课堂教学评定和口试两部分组成,包括一篇论文、两次课堂教学、一次专题报告、三次口试。

而目前我国教师入职要求并不严格,要求师范院校学历,教师资格考试偏重理论,新教师入岗后直接承担满工作量,缺乏学习时间和系统的培训,致使很多从教多年的教师教育教学基本功不够扎实。我说这一点,不是为了批评目前的新教师入职体制,对在座教师不信任,而是希望教师们了解这些,自觉弥补体制上的缺陷,向更高目标靠拢。

2.与经济发达地区的差距。据我了解,杭州城区的学校招聘中小学新教师必须是硕士学位,而且是师范生,所学学科与招聘学科要一致。这种城乡之间的差距一时是难以改变的。面对同样的教学目标、教材、渴求成长的学生,作为欠发达地区的乡村教师,我们就更需要付出加倍的心血,找短板,补短板,并积极参加教师培训,努力承担起教学重担。

3.给非师范院校毕业的教师提个醒。在就业形势这么艰难的情况下,我们的一部分非师范院校毕业的同志通过取得教师资格证书,通过招聘程序走上了教师岗位,是非常幸运的,也是你们努力拼搏的结果。但我觉得很有必要提醒你们一句,要清醒地认识到你们毕竟没有经过系统的师范教育,与经过师范教育的同事有所不同。为此,你们要努力在理论上多学习,在工作中多摸索,尽快补上这一课。我经常深入学校听课,很多时候一听就知道该教师是否接受过系统的师范教育。

三、对教师职业的高度认同

教师生活、工作幸不幸福,生活品质高不高,关键要看教师对自己从事的职业有没有高度的认同。如果把教师作为一种谋生的手段,是一种无奈的选择,我还是奉劝你尽早离开,否则你不会幸福,是享受不到高品质生活的,更不会对教学充满激情,对学生充满爱心而取得事业上的成就。

1.对生活品质的认识。我发觉一些年轻人对生活品质的认识是有偏差的,他们把吃得好、穿得好、玩得好、住得好、工作轻松作为目标。我却不这样认为,事业成功、某方面有突出进步和成就才是高品质的生活。我曾与一位非常勤奋的书法家交谈,他告诉我:"那一笔下去的快感与精神享受只有自己才能感受到。"比如说我自己,特级教师评下来也已经14年了,职称可以说到顶了,也五十几岁了,而我十多年来还是坚持每月写一到两篇论文,每年发表十几篇。很多人好心劝我:"不要再写了,累不累啊,再说对你也没有多大用处了。"但是他们不知道的是我研究时的兴奋和文章发表后的成就感。

2.对职业性质的认知。教师职业到底好不好,幸福不幸福,关键在于你对教师职业性质的认知。如芬兰是OECD(联合国经济合作与发展组织)PISA测试多年第一的国家,原因是芬兰教师队伍集中了芬兰前5%的顶尖人才。他们的收入并不是很高,是什么原因让他们乐意从事教师职业呢?因为他们认为教师是一个自主性、可塑性比较强的职业,这样的工作可以为自己带来很大幸福。教师可以自主研究、改变和创新,就是通常说的"常教常新",可以"同课异构",有自己的小天地,有自主权,是多么有意思啊。只要你遵纪守法,不触犯道德底线,是不会犯多少职业错误的,不像高危行业风险很大,教师是一种比较安全、自由又可以自主的职业。

3.教师终身学习要求高。面对信息井喷、知识海量、科技日新月异、教育不断深化改革的时代,教师需要了解前沿信息,需要不断破解学生学习、生活中遇到的新困难和新困惑。如果不能形成自主学习、终身学习的习惯是很难胜任教师工作岗位的。新教师任职培训仅仅是教师培训的首站,路途很漫长,以后每五年一轮的培训将伴随整个教师生涯,而且培训任务与教师资格相挂钩,也就是说不能完成规定的培训任务教师资格将自动吊销。再说,教师是对职业道德、社会公德、家庭美德和个人品德要求很高的职业,严教不如身教,教师的言传身教在学生成长中起极为重要的作用。

最后,希望在座的教师要跟上时代发展的步伐,跟上教师专业要求不断提升的步伐,跟上教师培训要求越来越高的步伐,做到"仰望星空,脚踏实地",不忘初心,坚守始终。谢谢大家!

(发表于《教书育人 校长参考》2017年第5期)